〈유라시아 국가 역사문화 탐방〉 시리즈 3

조지아의 역사

საქართველოს ისტორია

www.moonyelim.com

조지아의 역사

초판 2쇄 인쇄 2018년 7월 25일
초판 2쇄 발행 2018년 8월 5일

....

편   역 허승철
발행인 서덕일
펴낸곳 **문예림**
주소 경기도 파주시 회동길 366 (10881)
전화 (02)499-1281~2
팩스 (02)499-1283
전자우편 info@moonyelim.com

....

출판등록 1962.7.12 (제406-1962-1호)
ISBN 978-89-7482-870-7(93910)

....

〈유라시아 국가 역사문화 탐방〉 시리즈 3

조지아의 역사

საქართველოს ისტორია

허 승 철 편역

문예림

서문

조지아는 코카사스에 위치한 유서 깊은 나라이다. 우리가 코카사스 라고 부르는 지역은 면적은 크지 않지만 종교적, 인종적 다양성이 매우 크고, 지나온 역사적 노정 또한 험난했다. 코카사스 3국이라고 불리는 조지아, 아르메니아, 아제르바이잔은 페르시아, 로마, 아랍, 오스만제국, 러시아 등 강대국들의 끊임없는 침탈을 받아오면서 종교와 문화적, 민족적 전통을 지키려고 부단한 노력을 기울여왔다. 이 국가들이 겪은 고난과 생존 전략은 강대국 사이에서 국가 발전과 통일을 이루어야 하는 우리에게도 시사하는 바가 크다고 생각한다.

아제르바이잔에는 한국 대사관이 설치된 지 오래되고, 작년 말 조지아에도 분관이 설치되었지만 국내에 이 지역을 소개하는 자료는 거의 없는 실정이다. 필자는 2006년-2008년 우크라이나 대사로 일하면서 겸임국으로 조지아와의 외교 업무를 담당했다. 조지아가 겸임국으로 추가된 사실은 우크라이나 대사 임명을 받고서야 알게 되었다. 부임 전 조지아에 대한 공부를 할 틈이 없이 현지에 갔지만, 미국 대학의 연구소에서 연구교수를 할 당시 소련에서 벌어지던 민족운동의 발현과 당시 그루지야로 불리던 조지아의 분리독립 운동을 관심 있게 지켜보았고, 버클리 대학원 재학 시 지도교수가 조지아어를 연구 분야로 삼고 있어서 조지아에 대한 관심은 오래전부터 있었다. 공부가 덜 된 상태에서 조지아 업무를 맡았던 필자에게 이 책은 오래전부터 스스로 마음에 지고 있던 빚을 덜어내는 작업이라 할 수 있다. 책을 내기까지 주저하는 마음도 들었지만, 지금 편역서의 형식으로라도 조지아를 소개하는 개론적 역사서가 나오지 않으면 앞으로 상당 기간 조지아에 대한 책이 나오지 않을 수도 있다는 생각이 들어 책 출간에 용기를 내었다. 조지아어도 모르고 역사학 전공도 아닌 입장에서 비교적 안전하게 조지아 소개서를 쓰는 방법으로 이미 출간된 저명한 학자들의 책을 편역하는 방법을 택하였다. 조지아의 고대, 근대 역사는 Ronald Grigor Suny 교수의 『The Making of the Georgian Nation』, 2nd ed. (Bloomington: Indiana University Press, 1994)를 주로 발췌 번역하였고, Donald Rayfield의 『Edge of Empires: A History of Georgia』 (London: Reaktion Books, 2012)와 Stephen Jones의

『Georgia: A Political History Since Independence』(London: I. B. Tauris, 2015) 등을 참고하여 텍스트를 편집했다. 자신의 저서를 발췌하여 편역하는 것을 기꺼이 동의하여 주신 코카사스 역사, 정치의 대가인 Ronald Suny 교수께 심심한 감사의 인사를 전한다. 또한 조지아어 지명, 인명 등을 꼼꼼히 살펴서 최대한 원어 발음에 가깝게 수정해 주신 조지아 한인회 이광복회장님과 Monika Shonia양, 내용을 읽고 자료를 보완, 수정해 준 최정현 박사와 원고 오탈자를 교정해 준 고려대 손재은, 이아림양에게도 감사를 표한다.

제대로 된 지역학 연구는 한 지역의 주도적 국가에 대한 관심에만 함몰되지 말고, 같아 보이는 것 안에 존재하는 다른 것을 찾아야 한다는 생각을 오래전부터 하고 있었다. 러시아, 소련 제국 안에 200년 이상 포함되어 있었던 남코카사스 지역을 자칫 소련 시대의 연장적 시각에서 바라보는 것은 탈피하여야 하고, 이 지역의 고유한 역사와 종교, 정치, 문화에 초점을 맞춘 내재적 접근법이 이 지역을 연구하는데 중요하다고 본다. 25년 전 소련이 해체되어 15개 공화국이 새로 독립하고, 우리가 이들 국가들과 외교관계를 맺은 지도 20여년 이상이 흘렀지만, 국내에는 러시아와 중앙아시아 일부 국가를 제외한 지역에 대한 연구가 축적되지 않고, 이 지역의 전문가가 제대로 양성되지 않은 것에 대한 안타까움이 있었다. 이 책이 조지아와 남코카사스 지역에 대한 학생들과 일반 독자들의 관심을 높이는데 일조하기를 희망하며, 〈유라시아 국가 역사·문화 탐방〉 시리즈로 이 책을 출간해 주신 문예림의 서덕일 대표님께 감사의 인사를 드린다.

2016년 5월 편역자 허 승 철

목차

3부

러시아 제국 내의 조지아

1부 조지아 개황

1장 조지아의 자연 환경

조지아는 산악 지형이 발달한 남 코카사스에 위치한 국가이나.
국토 면적은 67,900㎢로 남한의 2/3정도이고, 북위 41-44도, 동경
40-47도에 위치하고 있다. 위도로 보면 조지아는 스페인, 이탈리아와
같은 위치에 있고, 수도인 트빌리시Tbilisi는 뉴욕, 타슈켄트Tashkent ▼카즈베크 봉

와 위도가 거의 같고, 우리나라 청진보다는 약간 아래에 있다. 해발 3천미터 가까운 리키Likhi 산맥이 국토를 동-서로 나누고 있으며, 서부 지역은 역사적으로 콜키스Colchis라고 불렸고, 동부 고원 지역은 이베리아Iberia라고 불렸다. 북부의 산악지역인 스바네티Svaneti는 험난한 지형으로 인해 나머지 지역으로부터 고립되어 있다. 서부 조지아의 리오니Rioni 저지대와 과거에 콜키스 왕국의 터전이었던 메그렐리아Megrelia지역은 토양이 비옥하고 기후가 온난하여 포도, 오렌지, 차 재배에 적합하다. 트빌리시 동쪽부터 카스피해쪽으로 펼쳐지는 쿠라Kura평원은 건조한 기후로 인해 척박한 토양을 보유하고 있다. 조지아의 국경 길이는 1,814km이고 해안선 길이는 310km이다. 아르메니아(국경 길이 219km), 아제르바이잔(국경 428km), 러시아(국경 894km), 터키(국경 273km)와 국경을 접하고 있다.

대코카사스 산맥(Greater Caucasus Mountain Range)이 조지아의 북쪽 경계를 이루고 있고, 소코카사스 산맥(Lesser Caucasus Mountains)은 남쪽 경계를 형성하고 있다. 대코카사스 산맥을 경계로 코카사스는 북 코카사스와 남 코카사스(트랜스코카사스 Transcaucasus)로 나뉜다. 대코카사스 산맥에는 5,000미터 전후의 고산준령이 많다. 조지아에서 가장 높은 산은 슈카라Shkara봉峰(5,068미터)이고, 이외에도 강가Ganga봉(5,059미터), 카즈베크Kazbek봉(5,047미터), 쇼타 루스타벨리Shota Rustaveli봉(4,860미터) 등 세계적 고산이 줄지어 있다. 카즈베크봉은 화산 분출에 의해 형성되었으며, 카즈베크봉과 슈카라산 사이 200km 구간에는 700여개의 빙하가 있다. 대코카사스 산맥을 관통하는 통로로는 19세기에 개척된 '다랼

▶아이바좁스키
의 다랼계곡 그림

통로(Daryal Pass)'가 있다. 북오세티아와 남오세티아를 연결하는 로키 터널(Roki Tunnel)도 군사적 중요성이 크다. 강가산에는 세계에서 가장 깊은 동굴인 크루베라Krubera 동굴이 있다. 최근까지 알려진 깊이는 1,710미터였으나, 2004년 우크라이나 탐험팀이 지하 2,000미터 이하를 탐색했고, 2005년 다른 팀이 더 깊이 내려가서 현재까지 확인된 깊이는 2,140미터이다. 조지아 국토의 40%는 숲이고, 약 10%는 고산 지대이다. 조지아의 가장 큰 강은 리오니Rioni 강과 므트크바리 Mtkvari 강이다.

조지아는 작은 국토 면적에 비해 다양한 기후를 보이고 있다. 대코카사스 산맥이 북쪽으로부터 찬 공기가 내려오는 것을 막고, 소코카사스 산맥은 남쪽의 건조하고 더운 공기의 유입을 막고 있으며 국토의 서부지역과 동부지역이 다른 기후를 보이고 있다. 서부 지역은 다습한 아열대기후의 북쪽 경계에 위치하고 있어서 연간 1,000-4,000mm의 강우량을 보이고 있다. 동부 지역은 아열대기후가 대륙성기후로 바뀌는 전이지역이다. 서부 지역은 시원하면서 습한 여름과 눈이 많이 오는 겨울 기후를 보이고, 동부 지역은 더운 여름과 추운 겨울 날씨로 연간 온도차가 큰 편이다.

2장 조지아의 경제, 인구, 언어

　조지아의 GDP(2014년, 구매력 기준)는 341억불로 세계 118위이고, 1인당 GDP(2014년, 구매력 기준)는 7,700달러이다. 조지아의 산업 비율은 공업 21.8%, 서비스업 69.1%, 농업 16.3%이다. 조지아의 주 농산품으로는 오렌지, 포도, 차, 견과, 채소, 가금류 등을 꼽을 수 있다. 주 공업생산품은 철강, 기계 장비, 전기 제품, 광물, 화학제품, 목재, 와인 등이다. 2014년 수출액은 45억불로 아제르바이잔(19%), 아르메니아(10.1%), 러시아(9.6%), 터키(8.4%), 미국(7.3%), 불가리아(5.7%), 우크라이나(4.9%)가 주 수출대상국이다. 주요 수출 품목으로는 차량, 비철금속, 비료, 견과류, 고철, 금, 동광, 와인 등이 있다. 2014년 수입액은 83억불로 터키(20.1%), 중국(8.5%), 아제르바이잔(7.4%), 러시아(6.7%), 우크라이나(6.4%), 독일(5.4%), 일본(4.3%)이 주 수입대상국이다.

　조지아의 2015년 인구는 493만 명이다. 2002년 조사에 의하면 인구 중 조지아인이 차지하는 비중이 83.8%이고, 아제르바이잔인(6.5%), 아르메니아인(5.7%), 러시아인(1.5%)이 주요 소수민족이며 기타 소수민족이 인구의 2.5%를 차지하고 있다. 종교는 정교회 신자가 83.9%, 이슬람 9.9%, 아르메니아-그레고리안 교회신자 3.9%, 카

აბგდევთი
კლმნოპჟ
რსტუფქღ
ყშჩცძწხჰ
ჯჰ

აბგდევთილმნოპჟრსტუფქღყშჩცძწხჯჰ

▲조지아어 알파벳

톨릭 0.8%, 기타 0.8%로 조사되었다. 유대인은 숫자가 작지만 조지아의 유대인 공동체는 세계에서 가장 오래된 유대인 공동체 중 하나이다.

언어는 조지아어 사용자가 71%, 러시아어 사용자 9%, 아르메니아어 사용자 7%, 아제르어 사용자가 6%로 조사되었다. 압하지아 지역의 공식 언어는 압하즈어이다. 조지아어는 카르트벨리Karteveli 언어군에 속하며, 이 언어군에 속하는 밍그렐리안어Mingrelian, 스반어Svan, 라즈어Laz와 밀접한 관계를 맺고 있다. 일부 학자는 바스크어Basque와 조지아어의 연관성을 주장하기도 한다. 방출파열음(ejective stops)과 자음군(clusters)이 특징으로, 3, 4개의 자음이 연속으로 오는 경우가 많다. 4세기에 기독교를 받아들인 후 5세기에 문자가 만들어졌으나 문자 창제 과정은 분명히 밝혀져 있지 않다. 아르메니아어 문자 창제와 연관되어 있다는 설명도 있다. 처음에는 41글자였으나 현재는 33글자(모음 5, 자음 28)로 줄었다. 종교적 명문銘文과 양피지 사본에 초기 텍스트가 쓰였으며, 현존하는 가장 오래된 텍스트는 5세기 후반 야콥 쭈르타벨리Iakob Tsurtaveli가 쓴 '성자 여왕 슈샤니크의 순교(Martyrdom of the Holy Queen Shushanik)'이다. 11세기에 중세 조지아어가 나타났으며 12세기 쇼타 루스타벨리가 쓴 장편 서사시 '호랑이 가죽을 한 용사(The Knight in the Panther's Skin)'는 국보적 작품으로 꼽힌다.

조지아인들은 자신들이 사는 지역을 사카르트벨리Sakartoveli라고 칭하였지만, 유럽에서 이 지역은 조지아라고 알려졌다. 조지아라는 명칭에 대한 기원은 페르시아인들이 조지아인들을 지칭한 '그루지(gurǧ, ǧurǧ)'에서 연유했다고 보는 것이 일반적이다. 또 다른 이론은 '땅의 경작자(tiller of the land)'를 뜻하는 그리스어의 '게오르고스(γεωργός)'에서 연유했다고 본다. 이 이론에 따르면 농경민족인 조지아인들을 판티카페아Panticapea 강 너머에 사는 유목민들과 구별하기 위해 이 명칭을 썼다고 한다. 현대의 몇몇 학자들은 조지아가 11-12세기 시리아어의 '그루즈-안(gurz-ān/gurz-iyān)'과 아랍어의 '주르지안(jurĵan/jurzan)'에서 차용되었고, 이 단어들은 이전에 페르시아어의 '그루지(gurǧ/gurǧān)'에서 유래한다고 보았다. 코카사스 지역을 경유하여 성지를 순례한 중세의 십자군과 순례자들은 조지아 지방에서 성 게오르기(Tetri Georgi)가숭상되는 것을 근거로 '조지아(Georgia, Jorgania, Giorginia)'라는 명칭을 썼다고 한다. 러시아어에서 조지아를 지칭하는 '그루지야(Грузия)'라는 명칭은 페르시아어-아랍어에 기원을 둔 '고례스탄(Gorjestân, 터키어-Gürcistan, 오세티아어-Гуырдзыстон Gwyrdzyston)'에서 나왔다. 1390년 사제 이그나틴 스몰냐닌Ignatin Smolnyanin의 여행기에 '그루지(гурзи)'라고 지칭한 것이 러시아어 명칭이 최초로 사용된 예이다. 국내에서는 소련 시대부터 사용한 '그루지야'라는 명칭을 사용하다가 2011년 6월 조지아 외무부의 요청을 받아들여 '조지아'를 정식 명칭으로 사용하고 있다.[1]

〈1〉역주: 미국의 조지아주州는 영국 왕 조지 2세George II[재위 1683-1760년]의 이름을 따서 지은 것이다

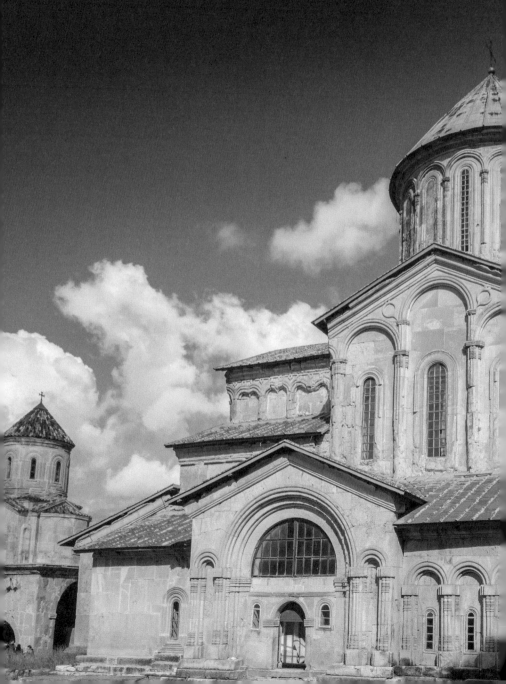

2부 조지아의 고대,
중세 역사

3장 조지아 국가의 형성

조지아인의 기원, 콜키스와 이베리아

현대 조지아인들이 가장 좋아하는 이야기에 따르면 하나님은 다른 민족들에게 나라를 나누어 준 다음 조지아 민족과 만나게 되었다. 조지아인들은 늘 그렇듯이 축제를 즐기고 있었고 창조주를 초대해 주연을 베풀고 노래를 불렀다. 신은 너무 기분이 좋아져서 이 유쾌하고 태평한 민족에게 자신을 위해 남겨둔 지구의 마지막 땅을 주기로 하였다. 그 땅이 바로 거대한 코카사스 산맥 아래 자리 잡은 계곡과 언덕들이었다. 그러나 조지아민족의 기원은 이러한 일화보다 훨씬 불분명하다. 이 문제를 풀기 위해 학자들은 역사적, 고고학적 증거뿐만 아니라 언어학적 증거들을 추적했다. 조지아인들이 거주한 지역은 유럽 지역에서 가장 오래 전 인류의 흔적이 나타난 지역으로 꼽힌다. 비교적 최근에 조지아 중부 지역의 드마니시Dmanisi 마을에서 180만년 내지 170만년 전의 것으로 추정되는 유골과 화석이 발견되었는데, 이것은 아프리카 이외 지역에서 발견된 유골로는 가장 오래된 것이다.

조지아인들은 자신들을 '카르트벨리kartveli'라고 부르고 자신들의 땅을 '조지아인들의 땅'이라는 뜻의 '사카르트벨로sakartovelo'라

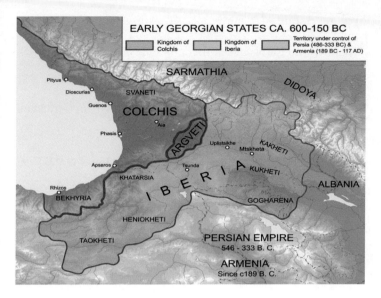

EARLY GEORGIAN STATES CA. 600-150 BC

Kingdom of Colchis

Kingdom of Iberia

Territory under control of Persia (486-333 BC) & Armenia (189 BC - 117 AD)

고 불렀다.[1] 그러나 후자의 명칭은 조지아가 통합된 11세기까지는 사용되지 않았다. 통합의 시기는 짧았고, 대부분의 시기 동안 조지아어를 사용하는 사람들이 거주한 땅은 수라미 산악(Surami mountain range)을 경계로 두 지역으로 나뉘었다. 리오니Rioni 강 유역에 위치한 서부 조지아는 고대시대에는 콜키스Colchis라고 불리다가 후에는 라지카Lazica, 아바스기아Abasgia 또는 이메레티아Imeretia라고 불렸다. 쿠라Kura 강변을 따라 위치한 영토가 더 큰 동부 조지아는 고대 세계에서 이베리아Iberia라고 불렸고, 이 지역의 조지아인들은 카르틀리Kartli라고 불렀다. 이 지역들보다 덜 알려졌지만 역사적으로 조지아의 일부였던 지역은 제모 카르틀리(Zemo Kartli, Upper Iberia) 또는 메스키아Meskhia라고 불렸는데, 이메레티 지역의 남서부인 초로키Chorokhi 강과 쿠라 강 상류지역 사이의 계곡에 위치해 있었다. 쿠

〈1〉역주: 'sa-'는 '--사람들이 사는 땅'이라는 뜻의 접두어이다

라 강의 남부이며 상부 이베리아의 동쪽에 위치한 지역은 크베모 카르틀리(Kvemo Kartli, Lower Iberia)라고 불렸고, 쿠라 강 맞은편의 북부 지역 땅은 시다 카르틀리(Shida Kartli, Inner Iberia)라고 불렸다. 카르틀리 본토 지역의 동부에는 카케티Kakheti와 쿠케티Kukheti 지역이 있고, 이 동쪽 끝 지역에도 조지아인들이 거주했다. 코카사스 역사의 대가인 키릴 투마노프Cyril Toumanoff는 "이 지역 대부분은 지리적으로뿐만 아니라 역사적으로 조지아와 아르메니아의 진출 방향이었고, 따라서 두 인접국의 전장이 되었다. 이 지역을 둘러싼 투쟁은 아직 계속되고 있는데 이것은 역사학(historiography)의 전쟁터이다"라고 지적했다.

조지아어는 인도유럽어에 속하지도 않고, 알타이어족이나 핀-우그르어족에도 속하지 않는다. 조지아어는 카르트벨리어족(Kartvelian, Kartveluri)이라고 불리는 남부 코카사스 언어그룹(어족)에 속한다. 조지아어는 원元조지아어(proto-Georgian)에서 기원되어 약 4천 년 전에 상호 연관이 밀접한 몇 가지 개별 언어로 분기하였다. 처음으로 분기된 언어는 기원전 1900년에 분기된 스반어(Svan, svanuri)이고, 기원 전 약 800년 전에 밍그렐리안어(Mingrelian, megruli)와 라즈어(Laz, chanuri)의 근간이 되는 자누리어(zanuri)가 독립적 언어가 되었다. 언어를 근간으로 보면 조지아인들은 카르트(Karts), 메그렐로-찬(Megrelo-chans, zvans), 스완(svans) 세 주요 부족으로 구성되었다고 입증되었다. 이외에도 소아시아 지역에 조지아어를 쓰는 부족이 있었는데, 카쉬카이Kashkai, 무쉬키Mushki, 티발Tibal족이 그들이다. 소련의 저명한 고대 조지아 선문가인 멜티키쉬빌리G. A. Melikishivili는 이베로-코카시아어Ibero-Caucasian를 쓰는 민족들은 '아주 고대 시대부터 트란스코카사스와 북부 코카사스에 거주했을 가능성이 매우 크다'라고 기록했다. 고대 지명들도 이 민족들이 가장 오래된 시기부터 이 지역에 거주했음을 보여주고 있고, 고고학적 연구도 코카사스 지역의 인종 분포에 큰 변화가 없었음을 보여준다.

고대로부터 수많은 언어군이 분포한 것은 헤로도토스Herodotus나 스트라보Strabo, 플리니Pliny에 의해서도 증언된다. 산악 지형은 서로 연관이 있는 소수민족들을 분리시키고 고립시키면서 수십 개의 언어와 방언이 발전하도록 도와준다. 예를 들어 스트라보는 서부 조지아의 그리스 항구인 디오스쿠리아스Dioscurias에는 칠십 여 소수민족이 상업과 교환 무역을 위해 모인다고 기록했다. "이들은 모두 다른 언어를 쓰는데, 완고함과 사나움 때문에 이들은 흩어져서 따로 살면서 서로 교통을 하지 않는다"라고 기록했다.

이미 5만 년 전인 구석기 시대에 조지아에는 여러 원시 부족이 살았다는 여러 가지 증거가 있다. 남부 오세티아Oseti와 압하제티 Abkhazeti의 흑해 연안 지역에서는 투박한 석기 도구가 발굴되었다. 쿠라 강 유역(Kura basin)에는 기원전 5천년의 주거지가 있었다. 슐라베리Shulaveri 지역의 유물에 대한 방사성 탄소 연대측정에 의하면 가장 오래된 거주지의 연대는 기원전 4,659년(210년 편차)으로 나타났다. 조지아에서 신석기 문화와 수렵생활에서 농경 및 가축 사육으로 이행한 흔적은 기원전 5천 년부터 보이고, 동부 조지아 쿠라 강 유역의 쪼피Tsopi, 아루클로Aruchlo, 사다클로Sadachlo 지역의 주거지는 "오랜 지속 기간과 특이한 건조 양식, 상대적으로 투박하면서도 쉽게 식별되는 토기와 석공예에서 상당한 기술"을 보여주는 것이 특징이다. 실질적 의미에서 동부 아나톨리아와 트랜스코카사스의 고지대는 "문명의 요람" 중 하나이다. 왜냐하면 이 지역에서는 사육이 가능한 가축, 파종 가능한 곡물과 콩 등으로 인해 가장 이른 시기부터 농경이 가능했기 때문이다. 〈케임브리지 고대 역사(The Cambridge Ancient History)〉책은 "요약하면 중근동 지역의 고지대는 문명이 가장 일찍 발달했고, 저지대 지역은 좀 더 후대에 문명이 발달했기 때문에 메소포타미아와 이집트 지역이 문명의 발상지라는 오래된 학설을 뒤집는다"라고 설명하고 있다.

트랜스코카사스의 전 지역과 동부 아나톨리아에는 기원전 4천 년대 후반기부터 후리아족(Hurrian stock)과 인종적으로 관련이 있는 주민들이 거주하였다. 후리아족은 기원전 3천 년대 중동 지역에 널리 퍼져 살았는데, 후에 우라르트어(Urartian)와 밀접한 관련이 있는 비非인도유럽어를 사용했다. 약 2천 년 간의 인종적, 문화적 통합성은 일부 학자에 의해 칼코리틱(Chalcolithic) 또는 에네오리틱(Eneolithic) 시대라고 분류된다. 찰스 버니Charles Burney와 데이비드 마샬 랭David Marshall Lang 같은 영국 학자들은 이 시기를 "초기 트랜스코카사스 문화"라고 부르는 반면, 일부 소련 고고학자들은 "쿠로-아락시스 문화(Kuro-Araxes culture)"라는 용어를 더 선호한다. 어떠한 이름이 붙는지와 상관없이 이 시기에 소와 양 사육에 바탕을

둔 경제적 안정이 이루어져서, 그 결과로 구목힐 민힌 문회적 안정도
이루어졌다. 기원전 2,300년 전에 이러한 통합되고 번성한 문화가 점
차 쇠퇴기에 들어갔다. 쇠퇴기를 겪은 다음 이 문화는 몇 개의 지역 문
화로 갈라졌다. 기원전 2,300년 경에 쿠라-아락시스 지역의 주민들은
좀 더 발달한 아카디아 메소포타미아(Akkadian Mesopotamia) 문명
과 접촉하기 시작했다.

  기원전 3천 년대 후반에 인도유럽어족에 속하는 히타이티인
(Indo-European Hittites)들이 동부 아나톨리아에 들어와 소아시아
와 시리아 지역을 지배하기 시작했고, 이 지배는 약 천 년 간 지속되었
다. 히타이트 지배 시대에 조지아는 청동기시대에 들어섰고, 상당한
경제적 발전이 이루어지고 부족 간의 교역이 활발해진 증거가 있다.
서부 조지아와 압하제티에서는 기원전 1,800년부터 기원전 700년 사
이 콜키드(Colchidic)라는 독특한 문화가 발달했다. 동부 조지아에서
는 기원전 1,500년 경에 트리알레티Trialeti의 쿠르간Kurgan 문화가
정점에 도달했다. 아르메니아 지역에 살던 주민들에 대한 가장 오래
된 문자 기록은 히타이트 문자판에 나온다. 이 문자판은 히타이트의
왕인 수필루리어마스Suppiluliumas(기원전 1,388-1,347년)와 그의
아들인 마르실리스 1세Marsilis I(기원전 1,347-1,320년)가 아르메니
아 평원에 거주하는 부족들과 전쟁을 치른 것을 기록했다. 조지아 지
역에 대한 문자 기록은 전해지지 않지만, 아미리아니의 민족적 서사
시(national epic of Amiriani)는 이 시기에 기원을 둔 것으로 보인다.
히타이트 시대의 후기인 기원전 2천년대의 최후반에 트랜스코카사스
에서 철기제작의 흔적이 나타나지만, 버니와 랭 같은 학자는 "동이나

청동제품보다 품질이 월등한 철제 도구와 무기가 대부분의 근동 지역에 대량으로 나타난 것은 기원전 9세기나 10세기 이후이다"라고 주장한다.

히타이트 왕국은 기원전 1,190년에 정체불명의 "해양 주민(peoples of the sea)"과 인도유럽어족인 트라키아족Tharcian, 프리지안족Phrygian, 소아시아에서 서쪽으로 이동해 온 원元아르메니아인proto-Armenian들에 의해 멸망하였다. 히타이트 왕국의 멸망으로 야기된 정치적 공백은 서쪽에서는 트라키아인, 동쪽에서는 아시리아인들에 의해 바로 채워졌다.

히타이트 시대 이후 진행되었을 가능성이 있는 가장 강력한 원元조지아인들proto-Georgians의 부족적 형성과정은 기원전 12세기, 트랜스코카사스 남서부, 오늘날의 에르제룸Erzerum 지역의 북쪽인 디아우에히Diauehi 지역에서 이루어졌다. 디아우에히 부족 연맹은 비록 기원전 1,112년 아시리아와 티글라스−필레저 1세Tiglath-pileser I에 의해 부족의 왕이 체포되기는 했지만 아시리아의 공격을 격퇴할 정도로 강력했다. 기원전 9세기와 8세기 초에 디아우에히는 남부 트랜스코카사스의 다양한 부족이 결집하는 중심지였다. 그래서 이 지역은 아시리아뿐만 아니라 새로 부상하던 국가인 우라르투의 지배자들의 공격 목표가 되었다.[2] 기원전 845년 아시리아의 살마네저 3세Salmaneser III(재위 기원전 859−824년)는 우라르투의 아라메Arame 왕을 패퇴시켰고, 디아우헤이의 아시아Asia왕은 아시리아 왕의 가신이 되었다. 디아우헤이의 남쪽 끝 지역은 우라르투에 병합되었고, 8

〈2〉역주: 우라르트 제국은 아르메니아의 모태가 됨

세기 중엽 동쪽으로부터의 우라르투의 공격과 서부 소시아 부족들의 공격으로 디아우헤이는 멸망하였다. 이 결과 콜키스 부족들은 우라르투와 바로 경계를 이루게 되었고, 이 두 정치적 연합체 사이에 충돌이 일어났다. 소련의 고고역사학자인 이고르 댜코노프Igor D'iakonov는 조지아어를 말하는 부족들이 기원전 9세기에 이미 동부 폰투스Pontus(Colchis) 지역에 거주했다고 믿는다. 호머는 폰투스의 핼리조네스Halizones를 언급하고 있는데, 이 부족이 후에 원조지아족인 찰리베스Chalybes와 같은 부족일 것으로 믿어진다. 기원전 720년 흑해 북부 연안의 키메리아인들Cimmerians이 해안을 따라 남하하여 콜키스를 통과하여 우라르트에 몰려들면서 기원전 8세기에 존재한 다양한 '제국'들의 취약성이 드러났다. 같은 시기에 스키타이인들은 다랴계곡(Daryal Pass)을 통해 중부 조지아로 밀려 들어왔고 카스피해 서부 연안을 남하해 우라르투로 진입했다. 키메리아인들은 우라르투 비문에 쿨카(Kulkha)로 알려진 콜키스 국가를 멸망시켰다. 키메리아인들이 시리아, 팔레스타인을 지나 이집트 국경까지 남쪽으로 이동하면서 이 지역의 사람들이 대부분 이주해 나갔다. 코카사스에서는 기원전 2천 년대 후반과 천 년대 전반기인 후기 청동기 시대의 매장터(burial sites)를 보면 각 부족 내부의 부富의 차이가 나타난다. 멜리키쉬빌리 Melikishvili 같은 소련 시대의 학자는 이 시기가 조지아 주민들 사이의 원시적 공동체 관계가 해체되고 "계급 사회"로 이행하는 시기였다고 주장한다.

기원전 7세기 후반부에 원조지아 부족들의 정치적 형성기가 시작되었다. 초로키 강의 북쪽 지역에 거주하고 있던 이 부족들의 일부는 '사스페리sasperi'라는 이름 아래 연합했다. 이전 디아우헤이 지역에 근거를 두고 있던 사스페리 연합은 트랜스코카사스의 남부 지역 대부분을 자신들의 영향력 아래 두고 우라르투 제국의 파괴에 참여했다. 우라르투는 동쪽으로부터 메데Mede제국이 팽창해 오면서 해체되었다. 사스페리는 영토적으로 우라르투인들과 통합되고, 멜리키쉬빌리가 추정하는 바에 따르면 우라르투 어휘가 조지아어에 차용된다. 거의 같은 시기에 새로운 콜키스 왕국이 서부 조지아에 형성되었다. 이 왕국의 영토는 초로키 강 어귀에서부터 북쪽으로는 코카서스 산맥에까지 이르렀다. 동부 조지아인들에게 에그리시 왕국(kingdom of Egrisi)이라고 알려진 왕국의 정치적 중심지는 리오니 강 유역이었다.

기원전 6세기 초반 우라르투 제국은 메데 제국의 손에 떨어졌고, 소아시아 지역에서는 스키티아인들과 사스페리, 메데 제국이 우라르트를 대신하여 정치적 주도 세력이 되었다. 아시리아와 우라르투의 멸망과 이보다 훨씬 뒤에 일어난 메데 제국의 소멸은 여러 언어를 쓰는 다양한 종족들이 활발히 이주할 수 있는 유동적인 환경을 조성하였고, 여러 부족들은 비교적 오랜 정착지가 될 지역에 자리를 잡았다. 아르메니아계 부족들은 동쪽으로 이동하여 반Van 호수 서쪽의 후리아 지역과 오늘날 무쉬Mush시市의 남쪽 지역에 정착했다. 이 지역들은 우라르투인들이 아르메Arme 또는 아르메니Armeni라고 부르던 지역으로 오늘날 아르메니아인들이 세계에 알려진 이름의 기원이 되었다.

기원전 6세기와 5세기의 어느 시기에 조지아어를 말하는 부족들,

아마도 무쉬키Mushki나 티발Tibal족이 북쪽으로 이동하여 쿠라 계곡에 정착하여 이베리아 혹은 동부 조지아 민족의 근간을 형성했다. 버니와 랭 같은 학자는 이러한 이주 과정에 뒤따랐던 분쟁에 대해 언급하고 있다. "이 시기의 전사들의 무덤이 산재한 것으로 보아 이베리아인들이 쿠라 계곡에 침입한 스키타이인, 키메리아인과 여타 인도유럽어족에 속하는 침략자들에 대해 우위를 점하는 데는 무장 투쟁이 필요했을 것이다"라고 하고 있다. 고리Gori 주변의 우플리치케 Uplistsikhe 같은 혈거穴居 마을에 살면서 이베리아인들은 후에 쿠라강 지역의 므츠케타Mtsketa 지역으로 이동하였다.

헤로도토스는 기원전 5세기와 6세기의 코카사스에 대해 우리가 알고 있는 것의 많은 부분을 제공해 주었다. 최초의 진정한 '세계 제국'인 페르시아의 아케메니드 왕조(Achaemenid dynasty)는 소아시아와 코카사스 대부분을 장악했다. 아르메니아인들은 페르시아 제국의 열세 번째 지방총독부를 이루었다. 사스페리인들과 마티에니, 알라로디(우라르투인과 후리아의 나머지 부족들)는 열여덟번 째 지방총독부를 형성했다. 원조지아인인 무쉬키인, 티발인, 마크로네스인 Macrones, 모시노에키인Mossynoeci, 마레스인Mares들은 열아홉번째 지방총독부에 포함되었다.
기원전 5세기 후반까지 페르시아는 조지아 부족을 견고히 장악했다. 조지아인들은 페르시아의 그리스 원정에 동참했고, 조지아어의 정치적 용어에 페르시아 용어들이 나타난 것은 통치 영역에서의 페르시아의 영향력의 깊이를 보여주는 증거이다. 콜키스는 페르시아의 지방 총독부에 포함되지 않고 아케메니드 왕조의 자치 가신국이 되었다. 아케메니드 왕조 시대의 콜키스는 주로 농업에 의존하고, 약간의 철제도구와 노예를 소유하고, 그리스계 항구에서 교역을 하는 가신국이었다. 반독립 왕조로서 콜키스-에그리스는 기원전 3세기말까지 존재했다.

크세노폰Xenophon[3]이 소아시아를 거쳐 기원전 400-401년 흑해로 진군하면서 콜키스와 여타 조지아 부족들은 아케메니드 왕조 지배에서 벗어났다. 크세노폰은 콜키스를 파괴한 후 서쪽으로 진군하여 모시노에키인들의 땅을 침입했다. 이곳에서 그리스군은 한 지역 부족과 연합하여 다른 부족들을 쳤다. 크세노폰이 남긴 기록인 아나바시스Anabasis를 보면 기원전 5세기의 서부 조지아에 거주하던 부족들의 모습을 알 수 있다. 페르시아 지배에서 벗어난 후 이들은 그리스계 교역 항구들과 적대적인 관계에 있었다. 여러 부족 연합체들이 서로 싸우고 있었고, 그래서 이들의 거주지는 요새화되어 있었다.

기원전 4세기 전반에 그리스계 도시인 시노페와 아미스가 다시 페르시아의 지배에 들어간 것으로 보아 페르시아인들은 서부 조지아의 부족들에 대한 종주권을 다시 확립한 듯하다. 서부 지역에 대한 아케메니드 왕조의 지배는 쉽게 종식되지 않았다. 알렉산드로 대왕의 원정이 시작되고 기원전 331년 아르벨라Arbela에서 페르시아를 결정적으로 패퇴시키면서 소아시아에서의 페르시아의 지배는 끝이 났다. 그리스 세력의 팽창으로 페르시아인들이 물러났을 뿐만 아니라 동부 아나톨리아에 새로운 문화적, 정치적 주도권이 형성되었다. 페르시아와 메소포타미아적 문화의 지배는 끝나고 그리스 문화의 영향으로 새로

<3) 역주: 기원전 430-354년. 아테네의 장군이자 역사가로서 페르시아 원정기인 Anabasis가 유명함)

운 헬레니즘적 복합체가 탄생되었다. 그러나 조지아와 아르메니아에는 페르시아의 영향력이 강하게 남아 있었다.

2세기(기원전 546-331년)에 걸친 동부 아나톨리아와 트랜스코카사스 지역에서의 아케메니드 왕조의 지배 때문에 일부 원조지아 부족들이 아나톨리아 지방에서 흑해 연안의 폰투스 지역으로 이주했다. 티발인들과 무쉬키인들은 동부 조지아로 이주해 현지 주민들과 융합되어 조지아 민족을 형성했다. 이 사람들은 그리스에 이베로이 (Iberoi, Iberians)라고 알려졌다.

페르시아의 지배가 끝나면서 동부 조지아의 부족들은 마케도니아의 지배를 받을 수 있는 상황이었지만, 기원전 3세기 초반, 동부 조지아의 아르마지-므츠케타 왕조는 이베리아의 다른 공후들을 압도하는 위치에 서게 되었다. 조지아의 연대기인 카르틀리스 쯔코브레바 (kartlis-tskhovreba)는 카르틀리-이베리아(Kartli-Iberia)의 첫 번째 왕이라고 할 수 있는 파르나바지Parnavazi에 대한 이야기를 담고 있다. 그는 조지아인들의 이름이 연유한 선조인 카틀로시Kartlosi의 후손이었다. 연대기에 따르면 파르나바지 왕은 동부 지역의 조지아인들을 콜키스-에그리시 주민들과 연합시켜 므츠케타에서 그리스인들을 몰아냈다. 므츠케타국을 건설한 아존Azon을 전복시키고 마케도니아인들을 몰아낸 파르나바지 왕은 트랜스코카사스의 가장 강력한 지배자가 되었고, 곧이어 서부 조지아도 자신의 영역으로 만들었다. 콜키스-에그리시보다 카르틀리-이베리아가 우위에 선 것은 조지아 부족들이 동부 지역을 중심으로 연합되었다는 것을 의미한다. 카르틀리보다 먼저 세워진 에그리시는 독립을 오래 유지하지 못했다. 에그리시는 페르시아 아케메니드 왕조, 그리스계 폰투스, 로마, 비잔티움에 연속으로 지배를 당했다. 이에 반해 파르나바지가 세운 새로운 국가는 독립성과 역동성을 보여주었다. 카르틀리는 북부 산악 지역을 제외한 서부 조지아 지역으로 팽창했을 뿐만 아니라, 제모 카르틀리(Zemo Kartli), 크베모 카르틀리(Kvemo Kartli), 쉬다 카르틀리(Shida Kartli)와 카케티(Kakheti)를 장악했다. 파르나바지는 알렉산드르 대왕의 후계자들과도 좋은 관계를 유지했다. 파르나바지의 후계자들도 이 노선을 견지하여 셀레우시드 제국(Seleucid empire)의 지도자들에게 조공을 바쳤다.

파르나바지는 조지아 연대기에서 군사-행정조직을 도입한 치적을 인정받는다. 파르나바지는 7개 지방에 군사 총독을 임명하였고, 중심부인 쉬다Shida 지역은 최고위 관리인 스파스페티(spaspeti)의 관할 하에 두었다. 서부 조지아는 한 지방이 되지 않고 파르나바지가 그리스인들을 격퇴하는데 힘을 함께 한 쿠지Kuji가 지배하는 가신국으로 남겨두었다. 이베리아인들이 채택한 정치 제도는 강력한 이웃국가인 페르시아의 것을 모방했다.

조지아의 경제는 어느 정도의 노예제도가 존재하기는 했지만 자유농민들이 기반을 이루었다. 사회의 최상층부는 왕족 일가와 군사 귀족, 원시종교 사제들이 차지했다. 동부 조지아의 국가 형성은 조지아의 사회적 위계질서를 만들었을 뿐만 아니라, 적어도 초기에는 분리된 여러 부족을 거대한 인종적 융합체로 만드는데 기여했다. 카르트벨리에 의해 만들어진 정치적 조직은 부족 간의 경계를 허무는 역할을 했다. 강력한 국가 형성 과정에서 지도적 위치를 차지한 카르트벨

리는 다른 부속들을 농화시켜서 카르틀리 국가의 형성에 참여하도록
하였다.

　서부 조지아는 카르틀리-이베리아와 연합되어 있었고, 카르틀리
의 왕이 보낸 왕의 가신들을 통해 지배되고 있었다. 그러나 기원전 2
세기 말엽 서부 조지아는 쇠퇴하였고, 콜키스-에그리스는 폰투스의
정력적인 지배자 미트라다테스 4세Mitradates IV Eupator(재위 기원
전 111-63년)의 쉬운 정복 목표가 되었다. 이렇게 해서 서부 조지아
는 페르시아와 이베리아의 영향권에서 벗어나 흑해 연안의 도시들의
그리스-로마 문화의 영향력 아래 들어가게 되었다.

로마와 페르시아의 각축

　기원전 2세기 후반에 소아시아에는 새로운 정치적 세력이 등장하
여 동부 아나톨리아의 세력 균형을 바꾸어 놓았다. 기원전 190년 로
마군은 페르시아 셀레우시드 왕조의 왕인 안티오쿠스 3세Antiochus
III(재위 기원전 222-186년)가 이끄는 군대를 마그네시아(Magnesia)
전투에서 격파했다. 세력이 약해진 페르시아는 대아르메니아의 아르
타쉐스Artashes(재위 기원전 189-161년)왕과 소페네Sophene의 자
레흐Zarech왕이 독립을 선언했을 때 이를 제어할 수 없었다. 아르메
니아 제국의 창시자인 아르타쉐스는 영토를 넓히기 위해 소페네를 공
격했지만 뜻을 이루지 못했고, 대신 서부 조지아 지역을 병합하는 데
는 성공했다. 그의 제국은 북쪽으로는 쿠라 계곡까지 이르렀고, 동쪽

으로는 카스피해에 닿았다. 이베리아의 파르나좀Pamajom왕은 아르메니아왕과 싸웠으나 전투 중 전사했다. 이베리아의 왕좌는 아르타쉐스의 아들이 차지했고, 동부 조지아에 대한 아르메니아의 지배와 콜키스로 통하는 교역로는 기원전 1세기까지 아르메니아인들이 장악했다.

콜키스와 폰투스와의 상업적, 문화적 접촉 덕분에 대大아르메니아는 서부로부터 온 새로운 조류인 헬리니즘 문화의 덕을 보았다. 아르메니아는 뛰어난 전사였던 티그란 대왕Tigran II 시기에 가장 넓은 영토를 확보했다. 그는 장인인 폰투스의 미트라다테스 왕과 연합하여 로마, 페르시아와 싸움을 벌였고 소페네를 점령했다. 그러나 로마가 트랜스코카사스 지방을 복속시키기 위해 폼페이 장군이 이끄는 군대를 파병하면서 아르메니아는 재앙을 맞게 되었다. 기원전 66년 전투에 패배한 티그란은 로마군과 강화 조약을 맺을 수밖에 없었고, 로마군은 아르메니아와 동맹을 맺고 싸운 조지아를 징벌하기 위해 북쪽으로 진군했다. 폼페이는 콜키스 지역에 먼저 진입하였으나 이베리아인들과 코카사스 알바니아인들에 의해 배후 공격을 당하였다. 기원전 65년 폼페이는 이베리아의 왕 아르톡Artog과 싸우기 위해 이베리아로 들어갔다. 프루타르크는 폼페이가 "이베리아인들과 대전투를 벌여서, 9천 명을 죽이고, 만 명 이상을 포로로 잡은 다음에" 이베리아를 복속시켰다고 기록했다. 폼페이의 원정으로 인해 카르틀리-이베리아, 아르메니아, 코카사스 알바니아는 로마의 종속국이 되었고, 콜키스-에그리시는 폰투스 지방의 일부로 로마에 편입되었다.

동부 조지아에 대한 로마의 지배는 오래 지속되지 못하였다. 기원전 1세기 후반부에 페르시아 셀레우시드 왕조를 뒤이은 파르티아 왕국의 영향력이 트랜스코카사스 전역에 미쳤다. 이후 3세기 동안 로마 제국과 파르티아 왕국은 자신들 영역 중간에 있는 아르메니아와 조지아 지역을 놓고 투쟁을 벌였다. 트랜스코카사스의 주민들은 자신들의 독립을 유지하거나 동맹을 통한 이익을 얻기 위해 번갈아 가며 양 제국의 편을 들었다. 힘이 약한 지방 지배자는 강대국으로부터의 끊임없는 위협으로부터 지방의 지배력을 유지하고 인종이나 종교를 무시하고 살아남기 위한 방책으로 동맹을 바꾸는 아나톨리아와 코카사스의 정치적 처세 패턴이 이때 발달했다. 아르메니아, 조지아, 코카사스 알바니아의 왕들은 민족적 독립이나 종교적 통일성을 유지하기 위한 끈질기고 일관된 투쟁을 전개하기보다는 끊임없이 정치적 지향점이 바뀌는 모습을 보였다. 위험하고 변화무쌍한 상황에서 그들의 유일한 목표는 생존이었다. 그래서 지방의 지배자들이 한 강대국에 기울 때 왕은 다른 강대국에 의존하는 모습도 자주 보였다.

기원전 1세기 후반, 카르틀리-이베리아와 코카사스 알바니아는 점차 로마의 지배에서 벗어나기 시작했다. 기원전 36년 마르쿠스 안토니우스Marcus Antony가 파르티아에 원정했을 때, 이베리아인들이나 코카사스 알바니아인들은 그의 원정에 동참하지 않았다. 오히려 기원전 37년과 36년에는 로마에 대항하는 반란이 처음에는 코카사스 알바니아에서 다음에는 카르틀리-이베리아에서 일어났다. 크라수스Marcus Crassus가 지휘하는 로마군이 이 반란들을 진압하기 위해 조지아에 들어왔지만, 이것이 조지아를 진압하기 위한 로마군의 마지막 원정이 되었다. 기원전 1세기 마지막 10년경에 카르틀리-이베리아와 코카서스 알바니아는 로마에서 완전히 독립하게 되었다. 로마 황제 아우구스투스는 이베리아를 동맹국으로 인정했고, 로마의 세금 부과를 철폐했다. 그러나 반면에 아르메니아는 기원 후 1세기까지 파르티아와 로마의 쟁탈의 대상이 되었고, 그 결과 카르틀리-이베리아는 지역의 가장 강한 국가로 부상하여 분할되고 정복된 아르메니아의 나머지 땅을 차지했다. 기원후 35년 로마의 동맹이었던 이베리아의 파르스만 1세Parsman I는 아르메니아의 파르티아계 왕을 물리치고 그 자리에 자신의 형제인 미트라다테스Mithradates(재위 35-51년)를 앉혔다. 51년 파르스만의 아들 라다미스테스Rhadamistes는 자신의 삼촌인 미트라다테스를 물리치고 잠시 왕좌를 차지했으나 아버지에 의해 처형당했다. 아르메니아는 파르티아에 의해 점령되어 트르다트Trdat에게 왕위가 돌아갔으며 그는 아르메니아 아르사시드 왕조(Arsacid dynasty)의 시조가 되었다. 이베리아는 로마와 연합하여 파르티아와 아르메니아 동맹과 싸웠고 양측은 63년에 란데이아Rhandeia 강화조약을 맺었다. 이 강화에서는 파르티아가 아르메니아에 대한 로마의 종주권을 인정한 대신, 로마는 트르다트를 왕으로 인정했다. 이 조약으로 인해 아르메니아가 로마와 동맹을 맺어 영토를 확장할 수 있는 기회는 사라져 버렸고, 파르스만의 아들인 이베리아의 미르다트Mihrdat왕은 북쪽에 위치한 사나운 유목민족인 알란족Alans과 연합하여 몇 차례 아르메니아를 침공하였다.

국가방위와 왕조의 정통성이라는 중요한 목표가 모두 중요해진 로마와 파르티아는 이베리아와 아르메니아의 영토를 장악하기 위한 투쟁을 약 3백년 간 지속했다. 코카서스 지역은 양 제국 사이에 자연적인 방벽의 역할을 하였고, 이 지역을 통해 상대의 취약 지역을 공격할 수 있었다. 콜키스가 로마의 한 지방으로 다스려진데 반해, 동부 조지아는 로마 제국의 보호국이 되었다. 므츠케타에서 발견된 한 석조 비문에는 미르다트 1세(재위 58-106년)가 "시저의 친구"이자 "로마를 사랑하는 이베리아의 왕"으로 묘사되었다. 75년에 로마 황제 베스파시안은 이베리아의 왕을 위해 아르마지를 요새로 만들어 주었다.

2세기 아르사시드가家가 아르메니아의 왕좌를 확고히 장악하면서 카르트벨리-이베리아로 지배력을 넓혔다. 아르사시드 왕조가 코카사스의 지배력을 확보했을 때 페르시아에서는 약 4백년을 지속하는 사산Sassanid 왕조(224-651년)가 파르티아 왕조를 멸망시켰다. 사산 왕조는 왕이 직접 전사가 되어 아르메니아를 자신들의 권위에 직접 복속시키고 로마인들을 몰아냈고, 로마 황제 발레리안을 사로잡았다. 이들은 카르트벨리-이베리아와 코카사스 알바니아를 침입하여 미르다트 2세의 라이벌이었던 아마자푸스 3세Amazapus III를 카르트벨리-이베리아의 왕좌에 앉혔다.

로마는 283년 카루스Carus가 페르시아를 격파하자 잠시 코카사스를 되찾았다. 그러나 다음 해에 페르시아인들은 로마의 내분을 이용하여 자신들이 내세운 미리안 3세Mirian III를 동부 조지아의 왕으로 앉혔다. 298년 로마가 다시 전투에서 크게 승리하자 양측은 니시비스Nisibis 강화조약을 맺고, 미리안의 왕위를 인정했으나 카르틀리-이베리아와 아르메니아의 종주권은 로마가 다시 차지했다. 코카사스 알바니아는 페르시아의 영향력 아래 들어갔다. 미리안 3세로 조지아의 고대 역사 시대는 끝이 났고 곧 기독교 시대가 시작되었다.

4장 기독교 전파 후 조지아

기독교 전파

　미리안 3세 치세 첫 30년은 안정과 융성의 시기였다. 이베리아 왕
조는 지방 귀족들을 통제하며 통치했다. 스텝의 유목민족들이 로마
와 페르시아를 위협하면서 조지아인들은 상대적으로 양 제국으로부
터 압력을 덜 받았다. 298년 니시비스 조약이 체결될 때까지 페르시
아의 가신 군주였던 미리안 3세는 양 제국의 싸움에서 페르시아의 편
을 들었지만, 298년 이후 그는 로마에 충성했다. 4세기의 지도를 보
면 당시 국제 교역로는 세바스토폴리스Sebastopolis(현재의 수쿠미
Sukhumi)에서 출발하여 콜키스와 이베리아를 연결하며 조지아를 관
통하여 카스피Kaspid와 므츠케타를 지나 아르메니아와 페르시아에
다다랐다. 300년 경 기독교는 흑해 연안 도시들에 교두보를 마련하고
있었다. 베드로의 서한 복음은 폰투스에 전달되었고, 325년 피티우스
Pityus시市는 주교 스트라토필로스Stratophilos를 니케아Nicaea 종
교회의에 파견했다.
　미리안이 기독교를 국교로 정한 것은 신앙적인 문제라기보다는 정
치적 결정이었다. 니시비스 조약으로 이베리아와 콜키스를 로마의 영
향력 아래 들어오게 되었다. 콘스탄티누스Constantinus 황제가 즉위

하면서 기독교도들을 인정하고 재산을 복원시킨 밀라노 칙령(313년)을 공포하고, 군사적 원정 성공에 이어서 로마의 수도를 로마에서 비잔티움으로 이동하고, 콘스탄티노플로 개명하는 사건들이 연이어 일어났다. 아르메니아에 이어 이베리아가 기독교를 받아들이고, 마지막으로 코카사스 알바니아가 원시 종교와 조로아스터교를 버리고 콘스탄티노플의 정교회를 받아들였다.

조지아의 기독교 수용 과정은 중세 조지아 문학의 가장 풍부한 문학 소재였다. 대부분의 학자들은 기독교 수용 과정에 대해 전래되는 이야기는 초기 자료를 11세기에 각색한 것으로 본다. 일부 학자는 8세기 또는 6세기에 이러한 작업이 시작되었다고 주장한다. 따라서 전설과 민담을 역사적 사실과 구별하는 것은 거의 불가능하다. 조지아의 전승에 따르면 카파도키아 난민 출신인 여자 노예이자 수녀였던 니노Nino가 유대인 공동체에서 기독교를 전파했는데, 그녀는 미리안 3세의 두 번째 아내 나나Nana의 불치병을 기적적으로 치유한 것으로 전해진다. 미리안은 사냥 중 일식日蝕을 만났는데, 그가 신께 기도하자 태양이 다시 나타났다고 한다. 미리안은 이러한 하늘의 경고에 대해 니노에게 가르침을 받고나서 므츠케타에 스베티츠호벨리 교회(일명 '살아있는 기둥(Living Pillar)'교회)를 지었다. 노역자들이 도저히 세울 수 없는 기둥을 하룻밤 사이에 천사들이 세웠다고 해서 이러한 이름이 붙게 되었다. 미리안이 기독교로 개종한 시점은 통상 334년으로 알려져 있으나, 이 해에 발생한 개기일식은 이집트의 알렉산드리아보다 동쪽 지역에서는 볼 수가 없었다고 한다. 므츠케타 지역이 일식에 완전히 덮인 해는 317년이었다. 로마와 비잔틴이 기독교를 수용한

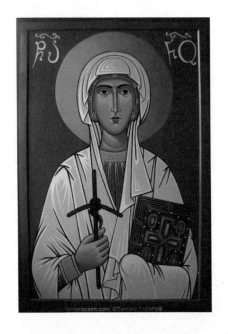

325년의 니케아 종교회의 이전에 기독교를 수용했다고 보기 어렵지만, 이러한 이른 시점은 301년 아르메니아의 트르다트 3세의 기독교 개종 전승과 맞아떨어진다. 아르메니아의 자료들에 의하면 박해자들은 기독교인인 계몽자 성 그레고리(St. Gregory the Illuminator)를 구덩이 안에 던져 넣었다. 288년 박해를 피해서 50명의 수녀가 아르메니아에 들어왔는데, 트르다트는 이 중 가장 아름다운 수녀와 결혼하기를 원했다. 그녀가 순결 서약을 파기할 수 없다고 거절하자 트르다트는 37명의 수녀를 순교시켰다.

▲성 니노 초상

이후 13년 간 정신착란 상태에 빠진 트르다트를 구덩이에서 나온 그레고리가 치유를 하고 그를 기독교로 개종시켰다는 전승이 전해져 내려온다. 그레고리는 아르메니아의 첫 총주교(Catholicos)가 되었고, 누누아Nunua라는 수녀가 이베리아 지방으로 가서 상인들에게 기독교를 전파했다고 전해진다. 후의 중세 전승에 의하면 이베리아의 첫 기독교 군주가 된 것은 바쿠르Bakur 왕이다. 개작된 연대기에 따르면 예수의 제자인 성 안드레이St. Andrew가 산악지역인 쿨로Khulo의 라즈족Laz을 개종시키고, 동쪽으로 아츠쿠리Atsquri까지 가서 선교활동을 했다. 402년 에우세비우스Eusebius의 '교회 역사(History of the Church)'를 번역한 로마의 루피누스Rufinus는 포로로 잡혀 온 여자가 왕비를 치료했고, 왕이 개기일식에 갇혔었다는 두 가지 사실을 확인했다. 조지아 정교회 기록은 카르틀리의 첫 대주교 이오바네 Iovane가 335년부터 363년까지 봉직했고, 이 직책은 1811년 러시아 정교회가 조지아 정교회를 대체할 때까지 이어져 왔다고 전하고 있다.

트르다트 3세는 330년 아르메니아 원시종교를 신봉하는 귀족들에게 살해되었지만, 미리안 3세는 원시종교 우상들을 과감하게 파괴하고 적어도 저지대 지역에 거주하는 이베리아인들을 기독교로 개종시켰다. 니노는 이베리아 고지대 지역 주민들을 개종시키려고 노력하다가 병에 걸려 죽었다. 이베리아인들은 3세기 중반 샤푸르 1세 지배 하에서 마니교 선교사들에 의해 기독교를 접했을 것으로 여겨진다. 마니교는 예수를 메시아로 인정하면서 조로아스터교처럼 번개를 숭상하고 성욕을 죄악시했다. 기독교는 콜키스 지방에 뿌리를 내렸다. 당시 라지카 지역은 로마인들이 지배하고, 에그리시 지역은 이베리아인들이 지배하고 있었다. 비잔틴 역사가들이 라즈족과 압실족 Apsils(현재의 압하즈족)의 기독교 개종을 기록한 4세기에 노칼라케비Nokalakevi에는 교회가 존재했었다. 6세기에 라지카의 왕들은 페르시아의 압력을 받고 기독교 신앙을 버리기도 했다. 이베리아 교회는 이른 시기인 487년부터 자립(autocephalic) 교회가 되었다. 그러나 라지카의 주교들은 이후 6세기 동안 콘스탄티노플의 총주교의 관할을 받았다. 포티Poti와 수쿠미는 7세기에 대주교가 주재했다.

동부 조지아 교회와 서부 조지아 교회는 분리되어 발전했다. 이베리아에서는 기독교 개종 직후 조지아 알파벳이 만들어지고, 조지아어 의례문헌(litergy)이 나타났지만 라지카에서는 그리스어가 유일한 교회 언어 및 문어로 사용되었다. 이베리아에서 토박이어로 진행되는 교회 예배가 국가 통합에 큰 역할을 하였다. 그러나 라지카의 왕들과 부족들은 고유의 교회 언어의 부재로 인해 국가를 통합하는 구심점을 갖지 못하였다. 두 국가가 서로 가까워지는데 기독교가 중요한 역할을 했다. 라지카와 이베리아 출신 기독교인들은 해외에서도 이름을 떨쳤다. 흑해 지역 출신 이베리아인인 에바그리우스Evagrius는 4세기에 이집트에서 고행자로 이름을 날렸고, 또 다른 이베리아 출신인 피터는 예루살렘에 수도원을 세웠다. 400년부터 조지아 수도사들은 예루살렘 성십자가 성당에서 조지아어로 예배를 드렸다. 그리스어, 시리아어, 아르메니아어로부터 교회 서적을 번역하는 수도사들의 번역소도 생겨났다.

스트라보 같은 학자의 이론이나 이후의 조지아나 아르메니아 사료를 이용하여 학자들은 고대 조지아의 사회상을 그려냈다. 투마노프 같은 학자는 왕가 일족과 최고위 판관, 군대 최고 지휘관이 '이베리아의 왕조적 귀족'을 이루었다고 본다. 그 다음 계층으로는 외교나 사법적 역할을 담당한 원시종교 사제단이 차지했지만 4세기 카르틀리-이베리아가 기독교를 받아들이면서 이 계급은 사라졌다. 세 번째 계층은 자유농민이나 병사들이 차지했는데, 이들은 시간이 지나면서 '아즈나우레바aznaureba'라는 조지아 귀족층을 형성했다. 아르메니아의 '아자트azat' 계급과 유사하게 이 소지주와 전사 계급은 왕족 귀족과 함께 12세기까지 존재했다. 지역 공동체에 살며 자신의 농지를 소유한 자유민들은 병역 의무를 제공했고, 후에 조지아어로 '에리eri'라로 불렸는데, 이 단어는 오랫동안 '주민(people)'이나 '군대'라는 의미로 사용되었다. 사회의 가장 하층 부분은 '라오이laoi'(스트라보의 용어) 라고 불렸다. 이들은 부족 공동체에 거주하며 반半독립적으로 농업을 영위했고 토지를 공유했다. 이들은 주인에게 예속된 노예는 아니었고, 원시적 농업에 필요한 노동을 제공하거나 공물이나 현금을 바치는 계층이었다. 이들은 농민을 뜻하는 '글레흐니glekhni'라고 불렸다.

카르트벨리–이베리아와 인접 국가 간에 교역이 있기는 했지만, 로마 지배 시대의 주요 교역로는 "흑해 연안의 남부 러시아 땅을 따라 콜키스와 아르타사타Artacata를 통과해 메디아와 동방"으로 이어졌다. 카르틀리가 동방과의 교역에서 차지한 역할에 대해 학자들 간의 논란이 있지만, 이 시기에 아르메니아가 로마와 파르티아의 쟁취의 대상이 되었고 카르틀리–이베리아가 교역로에 대한 이익을 취할 수 있는 좀 더 자유로운 위치에 있었으므로 아르메니아를 통과하여 남쪽으로 향하는 통로를 개척하는데 노력을 기울일 이유가 충분히 있었다. 카르틀리에서 교역의 주요 통로는 쿠라 계곡이다. 동부 조지아의 군사–행정 중심지였던 므츠케타가 쿠라 강과 아라그비 강이 합쳐지는 지점에 있었던 것을 주목할 필요가 있다.

기원후 1세기는 코카서스 사회를 형성하는 특징적 양상들이 만들어진 시기이다. 로마와 페르시아의 경쟁적 영향력 밑에 놓인 아르메니아와 카르트벨리–이베리아는 문화적으로 양 제국의 영향을 받은 것은 확실하지만, 각각의 사회를 형성하는 과정에서는 페르시아적 표준이 더 큰 역할을 했다. 아돈츠Adontz 같은 학자는 서방에서는 도시 주거지가 도시국가로 발전한 다음 제국으로 성장하지만, 동방 지역에서는 "가족적 관계가 정치적 생활의 기본적 생성 원칙이 된다"라고 말하고 있다. 부족 연합에서 출발한 페르시아 제국은 파르티아 시대에 계급 사회로 발전했지만 그 기저에는 부족적 요소가 여전히 작용하고 있었다.

이베리아는 아르메니아의 아르타시아드 왕조와 같은 봉건제와 군주제가 혼합된 형태를 발전시켰다. 이것은 당시의 코카사스 사회의 특징이었고, 동부 조지아에서도 군주제와 봉건제가 혼합되어 나타났다. 아르메니아에서는 군주적 요소가 파괴될 수는 없었지만 왕이 나하라르(nakharar)라고 불리는 수하의 공후들을 완전히 복종시키지는 못하였다. 이에 반해 카르틀리-이베리아의 왕권은 좀 더 완전한 형태로 행사되었고 동시에 봉건적 관계도 더욱 안정적이었다. 아르메니아에 비해 이베리아의 왕들은 귀족들을 연합시켜 왕권에 보다 충실하게 봉사하게 할 수 있었다. 이베리아의 군주들은 소귀족들을 연합시켜 공후들에게 대항시킬 수 있었지만 아르메니아의 왕들은 그렇게 할 수 없었다.

카르트벨리-이베리아에서는 메페(mepe)라고 불리는 왕이 성주라고 할 수 있는 스파스페티(spaspeti)를 직접 임명하였고, 모든 지방 관리들은 이들에게 복종하게 되어 있었다. 이 직위는 대개 최상위 계급에 속한 사람에게 돌아갔지만 아르메니아와 다르게 한 가족 내에서 세습되는 것이 아니었다. 왕은 궁정에서 자신에게 봉사할 궁정 관리와 지방을 통치할 관리를 귀족층에서 선발했다. 각 지방에는 에리스타비(eristavi) 또는 피티아스크쉬(pitiaskhshi)라고 불리는 성주가 임명되었는데, 이들 대부분은 최상위 계급 출신이었냐. 끽 싱구 밑에는 스파살라르니(spasalarni)라고 불리는 장군들이 있었고, 클리아르크니(khliarkhni)라고 불리는 관리들은 세금을 징수하거나 군대를 모았다.

조지아에 지속된 사회정치적 형태는 로마보다는 페르시아의 영향을 많이 받았다. 카르트벨리-이베리아의 왕은 페르시아의 대왕처럼 세습제였고, 로마의 선출제 또는 임명제 통치자와는 달랐다. 카르틀리는 이른 시기부터 페르시아처럼 토지에 근간을 둔 특권을 소유한 세습적 귀족계급을 발달시켰다. 로마와 비잔틴의 귀족은 황실의 관리층이었고, 이 계급은 세습되지 않고 대개 황제에 의해 임명되었다. 투마노프는 "아르메니아와 이베리아는 페르시아보다 더 군주제 성격이 강했다. 공후들의 연합은 왕에 의해 지배되었고, 공후들은 하층 귀족의 주인 노릇을 하였다."라고 서술하고 있다. 고대 시대가 끝나고 아르메니아와 조지아가 기독교 국가가 되면서 이 국가들은 로마를 닮아갔다. 사회적으로는 동방 문화에 더 가까웠지만, 기독교화된 코카사스 지방은 서방과 문화적, 종교적으로 가까워지면서 중세 시대에 접어들었다.

4-7세기의 조지아

코카사스 역사의 고대 시대는 부족적 혼합체가 정치적 연합체로 바뀌고 코카사스 국가들의 탄생을 준비한 시기로 볼 수 있다. 4세기부터

8세기까지 콜키스-에그리시와 코카사스 알비니아는 물론 카르트벨리-이베리아와 아르메니아 모두 영토적으로 분열되어 있었고, 부족들과 족벌들이 이주하고 혼합되어 민족을 형성하는 기초를 만든 과정을 보여주었다. 분할된 왕국을 중앙집권화하려는 군주의 시도는 군주의 야망을 좌절시키기 위해 늘 국경 너머에서 동맹을 찾고 있었던 지방 공후들의 방해를 받았다. 역사학자 투마노프는 "아르메니아와 이베리아의 왕들은 독재적이고 관료주의적인 로마에 기울었고, 이 경향은 기독교 황제들의 초정치적인 권위에 의해 가속화된 반면, 그들의 가신국 공후들은 기독교도이기는 했지만 페르시아 사산 왕조의 귀족적 경향에 끌렸다."라고 서술했다. 코카사스 지역의 주도권을 놓고 벌인 로마-비잔틴과 페르시아의 끝없는 투쟁은 두 제국 중 어디도 다른 편을 완전하게 결정적으로 제압할 수 없었기 때문에 더욱 오래 지속되었다. 양 제국 사이의 이러한 균형은 페르시아나 비잔틴의 패권에 제압될 위험성이 상존하는 가운데도 코카사스의 소국들이 정치적, 문화적 자치를 일정 부분 누릴 수 있게 해주었다.

3세기 말 디오클레티아누스Diocletianus 황제 때 로마는 페르시아와의 전쟁에서 이겨서 약 60년 간 카르트벨리와 아르메니아에 대한 지배권을 확립했다. 비록 짧은 기간이기는 했지만 이 지배는 오래 지속되는 변화를 가져왔다. 로마의 영향력 아래 있던 코카사스의 왕조들 중 처음에는 아르메니아가 기독교를 받아들였고, 다음으로 카르틀리-이베리아가 기독교로 개종했다. 4세기 초 서쪽으로는 카파도키아로부터 그리스적 기독교의 영향이, 남쪽으로는 에데사Edessa로부터 시리아적 기독교의 영향이 대아르메니아로 들어왔다. 314년 카파도키아의 카에사에라Caesaera에서 '현자' 그리고르 무사모비치Grigor Lusarovich가 아르메니아의 주교로 임명되었다. 조지아의 전승에 따르면 원래 성 안드레이와 열심당원 시몬(Simon the Zealot) 사도가 카르트벨리-이베리아에 기독교를 전파했다. 이 이야기는 설사 예수의 제자들이 직접 기독교를 전파하지 않았다 해도, 코카사스 지역의 기독교 역사가 얼마나 오래 되었는지를 보여준다. 트레비존드와 피티우스Pityus는 카르트벨리-이베리아의 선각자(illuminatrix)인 성 니노Saint Nino가 328년 그리스도의 복음을 전파했을 때 이미 주교 관구가 되어 있었다. 초기 이베리아 교회가 콘스탄티노플 교구 소속이었는지, 안티오크 교구 소속이었는지는 분명하지 않고, 시리아-페르시아로부터나 아르메니아 교회로부터 영향을 받았는지도 의문에 쌓여 있다. 그러나 서부 조지아의 교회는 콘스탄티노플 교구의 영향 아래 있었던 것은 분명한 듯하다. 로마와 페르시아의 전쟁으로 콘스탄티노플로의 여행이 불가능해진 시기에 카르트벨리-이베리아의 첫 주교가 안티오크에서 서품되었다.

새로운 종교로서의 호소력을 떠나 4세기 초 기독교는 이베리아에 정치적, 경제적 매력을 가지고 있었다. 소련의 학자인 돈두아V. D. Dondua는 "기독교의 도입은 카르틀리의 왕들에게 큰 의미가 있었다. 우선 기독교가 급격히 퍼지고 있었던 로마제국과의 유대를 강화시켜서 페르시아와 대항할 수 있었고, 자국 내에서 많은 땅과 부를 소유하고 있었던 원시종교 사제들과의 투쟁에서 왕들이 우위에 설 수 있게 했다"라고 기록하고 있다. 멜리키쉬빌리Melikishvili 같은 학자는 조지아의 귀족층이 기독교를 신속히 받아들인 이유는 엄청난 부를 소유하고 있었던 원시종교 사제들을 쫓아내기 위해서였고, 동부 조지아에서는 기독교로 개종하는 시기에 격렬한 내전이 발발했다고 주장하고 있다. 저지대의 주민들은 신속히 기독교를 받아들였지만, 산악 지대의 주민들은 미리안의 아들인 바쿠르Bakur 시대에 기독교로 개종했다. 각 기독교 공동체(eclesia)는 사제와 주교들의 감독 하에 서로 밀접히 연결되어 있어서 이전의 종교 지도자들은 기독교 사제들로 교체되었다. 지방 영주인 에리스타비가 있었던 곳에는 주교구가 세워져서 5세기 중반에는 카르트벨리-이베리아에 약 30명의 주교가 있었다. 그리스 정교회와의 밀접한 관계는 그리스어에서 유래한 '에클레시아(ekklesia)', '에반겔레(evangele)', '디아콘(diakon)', '에피스코프(episkop)' 같은 종교적 용어가 조지아어에 많이 차용된 사실에서도 알 수 있다.

카르트벨리-이베리아에 대한 로마의 지배력은 363년 로마 황제 율리우스Julius가 페르시아 원정에서 전사하면서 흔들렸다. 그의 후계자인 요비아Jovia 황제는 3세기 전 폼페이 장군이 확립했던 카르트벨리-이베리아에 대한 지배권을 페르시아에 넘겨주어야 했다. 동부 조지아의 로마 분봉왕 사우로마세스 2세Sauromaces II(재위 361-363년)는 친동생 바쿠르 1세Bakur I(재위 363-365년)에게 왕위를 물려주었고, 그는 페르시아의 분봉왕으로 통치했다. 로마 황제 발렌스Valens가 사우로마세스 2세를 남부 이베리아의 통치자로 임명하고, 페르시아가 지명한 미드라트 3세Mihdrat III(재위 365-380년)는 북부 지역만 관할하게 하면서 두 제국 사이에 다시 분쟁의 씨앗이 생겨났다. 그러나 378년 아드리아노플Adrianople 전투에서 로마가 페르시아에 패배하면서 카르틀리-이베리아는 다시 페르시아가 지배하게 되었다.

387년 양 제국이 아킬리센스 강화 조약(Peace of Acilisense)을 맺으면서 아르메니아는 두 지역으로 나뉘어졌고, 페르시아는 큰 지역을 자치하였다. 그러나 이 조약으로 로마는 카르틀리-이베리아를 페르시아에 넘겨주어야 했다. 이 시기부터 동부 조지아에는 페르시아의 영향력이 커졌고, 페르시아 사산 왕조에 의해 부활된 고대 종교 조로아스터교의 가르침이 서쪽으로 퍼지기 시작했다. 5세기 중반에 "조로아스터교는 마치 이베리아의 두 번째 공식 종교가 된 듯했고, 비잔틴과 조로아스터교의 영향 사이에서 조지아 왕조는 비잔틴의 왕정을 정치적 모델로 선택했다."고 투마노프는 기록하고 있다.

5세기에 조지아 왕은 왕가 귀족 중에 주요 인사를 카르틀리-이베리아의 7개 공국의 행정책임자로 임명했다. 처음에 이 지위는 세습세가 아니라 임명제였지만 시간이 지나면서 한 가문의 손에 들어갔다.

5세기 카르틀리-이베리아와 아르메니아에서 페르시아의 영향력이 강화되자 기독교 교회들과 귀족층 일부가 이에 저항했다. 페르시아에 반대하는 이러한 노력의 가장 중요한 문화적 업적은 아르메니아문자와 조지아문자의 발명이다. 기독교도들은 조로아스터교의 전파를 막기 위해 지역 언어로 문헌을 기록하는 것이 필요했다. 5세기 초반 메쉬로프 마쉬토츠Meshrop Mashtots는 아르메니아문자를 창안했다. 그의 전기 작가에 의하면 그는 그 후 조지아와 코카사스 알바니아 문자를 고안하기 시작했다. 조지아 알파벳의 기원에 대한 이 학설

Armenian Alphabet

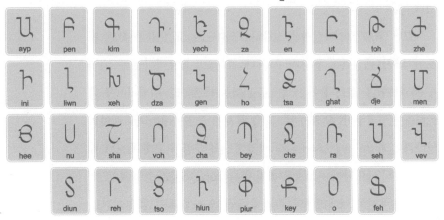

ayp	pen	kim	ta	yech	za	en	ut	toh	zhe
ini	liwn	xeh	dza	gen	ho	tsa	ghat	dje	men
hee	nu	sha	voh	cha	bey	che	ra	seh	vev
diun	reh	tso	hiun	piur	key	o	feh		

▲아르메니아
문자

은 8세기 조지아 역사가 레온티 므로벨리Leonti Mroveli에 의해 반박
당했다. 그는 파르나바지 왕의 신하가 조지아 알파벳을 발명했다고
주장했다. 현대 역사학자인 이바네 자바크쉬빌리Ivane Javakhishivili
는 조지아문자는 페니키아-셈-아람 문화 세계에 기원들 두고 있고
아르메니아어와는 관련이 없다고 주장한다. 샤니제Shanidze를 비롯
한 소련 시대 조지아 학자들도 첫 조지아문자가 아르메니아문자에 기
원을 두고 있다는 학설을 부인했고 이 문제에 대한 논쟁은 계속되고
있다.

5세기 중반 페르시아의 왕 야제게르드 2세Yazdegerd II(재위 438-
457년)가 코카사스에 대한 보다 적극적인 종교적, 정치적 지배권을
행사하면서 종교적, 민족적 갈등이 첨예화되었다. 그는 아르메니아,
코카사스 알바니아, 이베리아 귀족들이 조로아스터교로 개종할 것을
요구하였고, 그렇지 않을 경우 특권과 재산을 잃게 될 것이라고 위협

했다. 크테시폰Ctesiphon에서 열린 회의에서 귀속늘은 개롱에 대한 거짓 약속을 했고, 고국으로 돌아와서는 페르시아에 대항하는 반란을 일으켰으나 451년 아바라이르Avarair 전투에서 패하면서 반란은 무위로 끝났다.

이베리아인들은 야제게르드 2세에 대항한 반란에 참여하지 않았다. 동부 조지아의 가장 강력한 지방 공후(vitaxa)였던 고가레네 Gogarene 지방의 공후 아르슈샤Arshusha가 크테시폰에 억류되어서 페르시아 왕의 영향력을 미치는 조언자가 되었다. 페르시아는 조지아의 젊고 정력적인 왕 바흐탕 고르가살리Vakhtang Gorgasali(재위 447-522년)를 상대하기보다는 지방 공후들을 상대하기를 선호했다. 7세에 아버지의 왕위를 이어받고, 16세에 왕이 된 바흐탕은 북부 코카사스의 오세트인들(Osetins, 알란인 Alans)을 정벌했다. 페르시아의 주군에게 충실했던 그는 자신들의 공동의 적인 서부 조지아의 로마 정권과 전투를 벌였다. 그는 페르시아의 공주인 발렌두크트Balendukht와 결혼했고, 472년 서부 조지아 대한 페르시아의 원정에 동참했다. 그러나 10년 뒤인 482년 바흐탕은 정치 노선을 변경하여 페르시아와의 유대를 끊고 아르슈샤의 아들로서 고가르네 지방의 새 공후가 된 페르시아가 가장 신뢰하는 지방 군주인 바르스켄Varsken을 죽였다. 바르스켄은 친페르시아 정책을 펼

▼바흐탕 고르가살리 초상

쳐서 기독교를 극단적으로 탄압했고, 조로아스터교를 채택했으며 아르메니아 출신인 자신의 아내 슈샨Shushan을 순교시켰다. 바흐탕이 페르시아에 반기를 들 때, 페르시아가 임명한 아르메니아 공후이고 슈샨의 사촌인 바한 마미코냔Vahan Mamikonian도 가담했다.

페르시아에 대한 반란과 전쟁 기간(482-485년) 동안 바흐탕은 비잔틴과 동맹을 맺었고, 이 동맹은 바흐탕이 비잔틴 황제 제노Zeno(재위 474-491년)의 친척인 헬레나Helena와 결혼하면서 더욱 견고해졌다. 비잔틴의 허락을 받아 바흐탕은 므츠케타의 주교직을 대주교로 승격시켰다. 페르시아와의 연대를 청산한 그는 정치와 종교 노선을 비잔틴 모델로 바꾸었다. 485년 카르틀리-이베리아로 돌아온 바흐탕은 자신의 새로운 종교 정책에 반대하는 므츠케타의 주교 미켈Mikel을 해임했다. 이베리아 교회의 중심적 역할을 한 므츠케타 교구는 안티오크 교구에 속하게 되었다. 이 시리아 도시의 대주교와 그 밑의 12명의 주교는 서품을 받기 위해 안티오크를 방문했다. 바흐탕이 재위한 마지막 10년 동안 카르틀리-이베리아와 아르메니아, 비잔틴의 종교적 연대가 절정에 이르렀다. 바흐탕은 죽을 때까지 비잔틴에 충성했다. 6세기 초반 페르시아 왕은 바흐탕에게 비잔틴 제국에 대항하는 전쟁에 동참할 것을 요구했지만 그는 이를 거절했고, 페르시아 군은 카르틀리-이베리아를 침공했다. 60세 가까이 된 바흐탕은 전쟁과 망명으로 여생을 보냈다. 이 시기에 대한 연대기의 기록은 분명하지 않은데, 518년 페르시아는 바흐탕 왕조의 수도인 트빌리시(Tbilisi, Tiflis)에 총독부(viceroy)를 세웠다. 522년 경 바흐탕은 서부 조지아인 라지카Lazica로 도망하여 그곳에서 생을 마쳤다.

중세 시기의 라지카의 상황에 대해서는 알려진 것이 많지 않다. 폼페이 장군의 원정 후 로마 영토였던 이 지역은 5세기 중반 이 지역 군주들이 콜키스를 점령하고 라지카 왕국을 세우면서 일시 융성했다. 이 새 왕국은 바흐탕과 페르시아, 로마의 정복 목표가 되었다. 라지카는 460년대와 470년대 바흐탕이 이끄는 카르틀리-이베리아가 강성해지면서 쇠퇴하였다. 523년 라지카의 왕인 트사테Tsate는 페르시아와의 유대를 끊고 비잔틴과 새로운 유대를 맺었고, 그는 콘스탄티노플로 가서 정교회를 받아들였다. 페르시아는 6세기에 라지카를 몇 번 침공하였으나 비잔틴의 유스티니아누스Justinianus 황제(재위 527-565년)는 서부 조지아에 대한 지배권을 유지했다. 페르시아가 서부 조지아에 대한 권리를 모두 포기한 561년의 양 제국 간의 조약이 맺어진 후 라지카는 문헌기록에서 사라졌고 로마의 한 지방이 되었다.

6세기에 코카사스는 페르시아와 비잔틴 제국의 영역으로 나뉘어 있었다. 서부 조지아와 아르메니아 일부는 동로마의 손에 들어와 있었고, 아르메니아의 더 큰 부분(Perarmenia)과 동부 조지아 대부분은 526년-532년 사이 치러진 전쟁 이후 페르시아의 지배 아래 놓였다. 540년 경 페르시아 총독부가 트빌리시에 세워졌다. 그러나 총독부는 지방 공후와 대주교들에 의해 운영되었다. 572년 페르시아에 대항하는 반란이 카르틀리-이베리아와 아르메니아에서 일어났다. 바흐탕의 손자인 이베리아의 구아람Guaram은 아르메니아의 바르탄 3세와 연합하여 페르시아의 지배에서 벗어나기 위한 필사적 시도를 하였으나 575년 페르시아는 코카사스의 지배권을 다시 확립했다. 그러나 페르시아와 비잔틴의 전쟁은 약 20년 간 계속되었다.

580년 이베리아의 왕 바쿠르 3세Bakur III가 죽자 페르시아는 이것을 이베리아 왕조를 철폐시키는 기회로 삼았다. 왕조의 철폐에 이베리아의 귀족들은 크게 반발하지 않았다. 이들은 큰 분급을 제공받았고, 페르시아 왕에게 자발적으로 공물을 바쳤다. 약 백 년 전 아르메니아 귀족들이 한 것처럼, 이베리아 귀족들은 페르시아가 왕조를 패망시키는 데 협조했다. 바흐탕의 후예들은 산악 지역의 요새로 들어갔는데, 한 분파는 카케티Kakheti에, 다른 분파는 클라리에티-자바케티Klarjeti-Javakheti에 칩거했다.

이베리아의 귀족들은 얼마 지나지 않아 페르시아와 공모한 것을 후회하기 시작했다. 사산 왕조가 직접 이베리아를 지배하면서 무거운 세금이 부과되고, 과거의 조로아스터교 동화 정책이 되살아났다. 588년 비잔틴 황제 마우리스Maurice가 페르시아로 출정하자, 이베리아의 귀족들은 그에게 사절을 보내 이베리아 왕조를 복원시켜 줄 것을 요청했다. 마우리스 황제는 왕조를 복원시키는 대신에 총독을 임명했고, 그의 가신인 구아람Guaram(588-622년)이 총독의 역할을 수행했다. 페르시아는 591년 맺은 강화조약에서 이러한 조치를 인정했고, 이로써 카르틀리-이베리아는 두 제국의 영역으로 분할되었다. 옛 수도인 므츠케타는 비잔틴인들의 손에 들어갔고, 새 수도인 트빌리시는 페르시아인들의 영역 아래 들어갔다. 이렇게 해서 바흐탕이 죽은 이후부터 아랍인들의 침입까지 카르틀리-이베리아는 아르메니아, 코카사스 알바니아, 라지카가 걸은 길과 마찬가지로 전제적 왕조의 부흥과 공국으로의 쇠퇴의 길을 걸었다. 6세기 말 동부 조지아의 공후들은 "이 지역의 군사 총독의 지위를 상실하고, 광대한 지역을 세습적으로

운영하며 멀리 떨어진 페르시아 주군에게 공물을 바지는 위치로 진락
하고 말았다."

아랍 세력의 진출

7세기 중반 이슬람이 코카사스 정치에 새로운 요소로 등장하였다.
헤라클리우스와의 전쟁의 여파로 힘이 약해진 페르시아는 모하메드
사후(632년) 북쪽으로 급격히 세력을 확장하는 아랍인들의 침입을 물
리칠 수가 없었다. 아랍인들은 640년 아르메니아를 통과하여 645년
이베리아의 수도인 트빌리시를 점령했다. 구아람의 아들인 이베리아
총독 스테파노즈 2세(재위 630-650년)는 칼리프를 자신의 주군으로
인정할 수밖에 없었다. 소아시아의 새로운 맹주로 등장한 이슬람 세
력은 수세기 동안 비잔틴과 사산 페르시아 사이에서 교묘히 운신해
온 아르메니아인들과 조지아인들, 코카사스 알바니아인들에게 큰 영
향을 미치며 코카사스 지역의 정치 지형을 완전히 바꾸어 놓았다. 아
랍인들은 아르메니아와 조지아를 한 변경 지방으로 다루어 아르무니
야Armuniya라고 지칭했다. 아랍인들은 드빈Dvin에 위치한 총독부와
군대 병영을 통해 이 지역을 통치하며 무거운 세금을 부과했지만 이
지역을 식민화하려고 하지는 않았다. 지방 공후들은 칼리프의 종주권
아래 자치를 인정받았지만 아랍의 지배를 싫어해서 자주 반란을 일으
켰다. 681-682년에 큰 반란이 일어났는데, 여기에는 조지아인, 아르
메니아인, 코카사스 알바니아인이 모두 참여했다. 카르틀리-이베리

아의 아다르나세 2세Adarnase II와 아르메니아의 지도자 그리고르 마미코난Grigor Mamikonian은 카자르인Khazars들이 아랍의 편을 들어 전투에 뛰어들기 전까지 3년 간 아랍인들을 몰아냈다. 전투에 패배한 후에 두 지도자는 목숨을 잃었고, 지역의 지배권은 다른 가문으로 넘어갔다.

코카사스에 대한 아랍의 지배권은 지방 귀족들의 불만뿐만 아니라, 아르메니아와 카르틀리-이베리아에 대한 종주권을 포기하려 하지 않았던 비잔틴에 의해서도 위협받았다. 689년 비잔틴의 유스티아누스 2세 황제는 아랍에 대한 정벌에 성공하여 칼리프로 하여금 코카사스에 대한 지배권을 포기하게 만들었다. 7세기 말에 비잔틴과 아랍은 아르메니아와 카르틀리-이베리아 뿐 아니라 라지카와 압하제티Abkhazeti를 놓고 쟁탈전을 강화했다. 비잔틴 황제는 구아람 2세 Guaram II(재위 684-693년)를 카르틀리-이베리아의 공후로 인정했고, 아르메니아에는 칼케돈 공의회[4](Council of Chalcedon)의 결정을 받아들이도록 압력을 가했다.

693년 아랍은 카자르국의 도움을 받아 카르틀리-이베리아와 아르메니아를 다시 복속시키는데 성공하여 드빈에 있는 총독이 이 지역을 직접 관할하게 했다. 비잔틴은 이 지역을 포기하지 않고 7세기 초 아르메니아 바그라투니Bagratuni 지방의 슴바트 4세Smbat VI가 총독에 대항하여 일으킨 반란을 지원했다. 아랍은 반란을 진압하고, 705년에는 수백 명의 아르메니아 귀족을 체포하고 처형했다.

8세기에는 카자르의 침입과 비잔틴의 원정과 이에 대한 아랍 군대의 반격과 이슬람 지배에 대한 기독교인들의 간헐적인 반란이 이어졌

<4>역주: 칼케돈 공의회-451년 현재의 소아시아의 칼케돈에 모인 초대 교회 공의회 중 하나. 약 600명의 주교가 모인 이 회의에서 에우티케스가 주장한 예수의 단성설單性說이 부정되고 신성神性과 인성人性의 완전 결합을 주장하는 정통파가 승리함

다. 736년 비잔틴으로부터 서부 조지아를 뺏기 위해 아랍 군대가 침공했지만 비잔틴의 세력을 쫓아내지는 못하였다. 786년 아랍 군대가 카르틀리–이베리아를 침공하여 귀족들을 탄압하고 학살했다. 이런 과정이 계속되면서 아르메니아와 카르틀리–이베리아의 토착 왕조와 귀족들은 급격히 몰락하고 아랍의 행정관에 의한 직접 지배가 이루어졌다. 이에 반해 동부 조지아 일부 지방은 지역 공후들이 자치권을 유지했다. 카케티, 카르틀리의 산악 지역, 압하제티, 이메레티 초로키의 산악 지역에서는 지방 토호들이 아랍의 간섭을 받지 않고 독자적 행정을 이어 나갔다. 아랍인들은 주로 교역로와 도시 지역의 지배에 관심이 있었기 때문에 산악과 농촌 지역은 아랍의 지배를 피할 수 있었다.

813년 가신국 지위를 얻기는 했지만 동부 조지아는 두 경쟁 세력에 의해 양분되었다. 바그라티드Bagratid 가문이 동부 카르틀리–이베리아를 실효적으로 통치하고 있는 동안, 수도 트빌리시는 아랍 군주(emir)가 통치하고 있었고 카케티는 지방 토호들이 통치했다. 바그라티드 가문의 통치는 지배 지역이 세 아들에 의해 나뉘면서 약해졌고, 이 동안 트빌리시의 에미르의 힘은 강해졌다. 트빌리시의 에미르였던 이샤크 이븐 이스마일Ishakq ibn Isma'il(재위 833–853년)은 수십 년 동안 칼리프의 권위에 복종하지 않았고, 바그라티드 가문으로 하여금 공물을 바치게 했다. 853년 칼리프는 원정군을 보내 트빌리시 에미르의 불복종을 징벌했다. 바그라티드 가문의 도움을 받은 아랍 원정군은 트빌리시를 점령하고 철저히 파괴한 다음 에미르를 처형했다.

9세기 중반 서부 조지아의 압하제티 왕국은 바그라티드 가문이 통치하는 카르틀리–이베리아보다 강해졌다. 같은 시기 코카사스에 대한 아랍의 주도권은 비잔틴에 의해 다시 위협받았다. 비잔틴 황제 바실 1세Basil I(재위 867-886년)는 비잔틴의 영역을 유프라테스 강 유역까지 넓혔다. 서쪽으로부터 비잔틴의 위협을 받은 아랍은 조지아와 아르메니아와의 유대를 강화했다. 아랍은 아르메니아의 아쇼트 1세 Ashot I(재위 862-890년)를 지방 공후들의 수장으로 만들어 아르메니아에 대한 비잔틴의 영향을 물리쳤고, 그로 하여금 카르틀리-이베리아에도 영향력을 미치도록 했다. 9세기 후반에 코카사스에 대한 아랍의 주도권은 상당히 약화되었다. 조지아와 아르메니아는 비잔틴의 영향력 확대를 막는 요새가 되었고 두 제국 사이의 완충지대 역할을 하였다. 886년 칼리프는 아쇼트 1세를 아르메니아의 왕으로 책봉하여 458년 만에 아르메니아 왕조를 복원했다. 2년 뒤 그는 아다르나세 4세Adamase IV를 카르틀리-이베리아의 왕으로 책봉하여 동부 조지아에도 3세기 만에 왕위가 복원되었다. 이 두 군주는 서로 동맹을 맺었고, 세력이 약화되는 아랍 칼리프와도 협력하였다. 비잔틴도 이 군주들과 우호적 관계를 맺으려고 노력했다. 비잔틴과 아랍이 이 지역에 큰 영향력을 행사하지 못하는 동안 바그라티드 왕가는 계속 카르틀리-이베리아를 지배했고, 아르메니아에서는 아쇼트의 왕위를 이은 습바트Smbat I(재위 890-914년)가 북쪽으로는 코카사스 산맥 기슭까지 영역을 확장했고, 서쪽으로는 콜키스-에그리스와의 접경지역까지 진출하여 트빌리시와 쿠라 계곡에 근접했다. 습바트가 아르메니아의 아랍 총독과 전투를 벌였을 때, 조지아의 아다르나세는 그를 도왔다.

　10세기 초반 아르메니아와 조지아는 아제르바이잔의 아랍 왕

(Emir)과 바스푸라칸Vaspurakan의 유수프Yusuf의 동맹에 의한 새로운 위협에 직면했다. 몇 차례의 원정 끝에 유수프는 슴바트의 군대를 격파하고 그를 처형했다. 카르트벨리의 바그라티드 가문과 압하제티의 그리고리 2세(재위 915-959년)는 슴바트의 아들인 아쇼트 2세(재위 914-982년)를 도와서 아랍군과 싸웠다. 아쇼트 2세는 콘스탄티노플로 가서 비잔틴과 동맹을 맺었다. 아쇼트 2세가 유수프의 아랍 세력을 물리치면서 그는 코카사스의 왕들 중의 왕으로 인정받았다. 그는 압하제티와 카르틀리-이베리아 모두와 우호적 관계를 유지하려고 노력하였다. 그러나 압하제티의 그리고리 2세가 자신을 암살하려는 음모를 꾸미는 것을 알아내고 카르틀리-이베리아의 아다르나세와 함께 압하제티와 전쟁을 벌였다. 이런 과정을 거치는 동안 두 군주의 세력은 약화되었고, 이전에 아랍이 지배했던 '아르미니야' 지역은 여러 왕국과 공후국으로 분열되었다. 이런 정치적 분열 속에 동부 조지아가 코카사스의 가장 강력한 국가로 부상했다.

유수프의 원정으로 인한 아랍 세력의 위협이 물러간 대신 소위 마케도니아 왕가로 대체된 비잔틴의 위협이 시작되었다. 300년 동안의 이슬람과의 전쟁 후 10세기 말에 비잔틴은 전에 없었던 군사적 성공을 거두었다. 조지아나 아르메니아의 어느 왕가도 단독으로 비잔틴 제국의 침입을 막을 수도 없었고, 코카사스의 공국들을 연합시킬 수도 없었다. 일부 역사학자들은 비잔틴의 절정기를 바실 2세Basil II(재위 975-1025년) 시기로 본다. 그러나 그는 해외 영역을 확대하기 전에 국내에서 자신의 권좌를 공고히 해야 했다. 976년부터 979년까지 이어진 국내 내전에서 승리하기 위해 그는 조지아 타오Tao 지방의 바그라티드 가문의 젊은 공후 다비드David에게 도움을 요청했고, 다비드는 12,000명의 기병을 보내서 그를 도왔다. 내전에서 승리하자 바실 2세는 다비드에게 비잔틴 국경지대의 넓은 영토를 하사했다. 코카사스의 가장 강력한 군주가 된 다비드는 자신의 권위와 힘을 이용하여 조지아와 아르메니아의 왕권 경쟁의 조정자로 나섰다. 자식이 없었던 다비드는 젊은 바그라트Bagrat를 자신의 후계자로 지명하고 카르틀리-이베리아의 바그라티드 왕조와 타오의 왕위 상속자로 만들었다. 978년 다비드는 압하제티의 테브도스 3세Tevdos III를 퇴위시키고, 압하제티도 바그라티드 왕조가 차지하게 만들었다. 다비드의 후계구도는 981년-989년 바실 2세에 대항하여 반란을 일으킨 바르다스 포쿠스Bardas Phocus를 후원하며 틀어졌다. 비잔틴-키예프루스 연합군에 패배한 다비드는 자신이 죽을 때 비잔틴으로부터 받은 영토를 반환하기로 약속했다. 다비드와 화해한 바실 2세는 990년 그를 이베리아의 총독으로 지명했다. 다비드는 1000년 귀족들에 의해 암살당한다. 이렇게 되자 바실 2세는 직접 군대를 이끌고 동부로 와서 다비드에게 하사한 땅을 다시 찾았다. 압하제티의 바그라트 3세와 그의 아버지인 카르틀리-이베리아의 구르게니Gurgeni(재위 994-1008년)가 직접 바실 2세를 만나 탄원하였으나, 타오 지방은 비잔틴에 복속되었고, 이곳을 기점으로 비잔틴과 조지아의 경계가 만들어졌다.

다비드가 남겨 놓은 유산은 국경 지역의 영토 확장을 넘어서 큰 의미를 갖는다. 1008년 구르게니가 죽자, 바그라트 3세는 압하제티와 카르틀리-이베리아 통일 왕국의 첫 왕(1008-1014년)이 된다. 로마인들이 이 지역에 진출한 이후 처음으로 조지아의 두 공국 영역이 통일되었고, 1008년 이후 '사카르트벨로sakartovelo'가 동쪽의 가르틀리와 서쪽의 에그리시를 통합하여 부르는 이름이 되었다. 이 시기 이후 "조지아를 하나의 정치적, 종교적 단일 지역으로 부르는 것이 가능해졌다"라고 학자들은 평가한다.

11세기 초에 코카사스는 너무 분열되어 비잔틴이 보기에는 국경 방어 지역으로서의 가치를 상실했다. 바실 2세가 조지아와 아르메니아의 영토를 병합하자 아르메니아 귀족들은 자신들의 근거지를 떠나 비잔틴 제국에 동화하는 방향을 택한 반면, 조지아의 공후들은 자신의 권좌를 강화하려고 노력했다. 압하제티와 카르틀리-이베리아의 첫 왕이었던 바그라트 3세는 조지아의 가장 동쪽 끝 땅인 카케티Kakheti를 병합하려고 여러 번 시도했지만, 잠시 동안만 이 지역을 차지하는데 성공했다. 그러나 그는 클라르제티Klarjeti와 아르타니Artani를 병합하는 데는 성공했다. 그의 뒤를 이은 기오르기 1세 Giorgi I(재위 1014-1027년)는 다비드의 타오 땅을 찾기 위해 비잔틴에 대항했다. 1015-1016년 비잔틴에 대한 공격으로 타오 땅을 되찾는 데 성공했으나, 1021년 바실 2세와 아르메니아 연합군과의 싸움에서는 패했다. 1022년 기오르기 1세는 바실 2세에게 항복하고, 자신의 3살된 아들을 인질로 비잔틴에 보냈다. 기오르기의 뒤를 이은 바그라트 4세(1027-1072년) 시기에는 많은 지방 공후들이 일어나서 압하제티-카르틀리 국가는 중앙통제가 무너졌다. 그러나 바그라트 3세와 바그라트 4세 시기에 막강한 공후들이 자신의 지위를 잃고 낮은 신분으로 떨어지는 일이 많이 발생했다. 대신 자신의 추종자들의 지위를 높여 귀족을 만들었다. 바그라트 왕조는 6세기 말의 구아람 왕조와 대비되게 공후들의 세습적 지위와 특권을 박탈하였다. 왕이 공후를 직접 지정하는 이러한 유동적 제도는 10세기에 정착되어 15세기까지 이어진다. 내부적 문제에도 불구하고 바그라트 4세 시대의 조지아는 코사카스의 가장 강력한 토착국가가 되어 비잔틴과 이란 지역에 새로 부상한 셀주크(Seljuks) 투르크의 완충지대 역할을 한다. 아르메니아의 대부분 지역이 셀주크에 점령당하고, 1045년 아르메니아의 아니Ani 왕가도 비잔틴에 병합되자, 많은 아르메니아 귀족들이 조지아로 건너왔다. 이들은 조지아의 귀족이 되거나 상업과 무역에서 능력을 발휘했고, 일부는 조지아 왕의 신하가 되었다.

셀주크는 주기적으로 조지아를 침입했다. 1064-1065년에는 알프 아르슬란Alp Arslan이 이끄는 군대가 조지아를 침입하였다. 셀주크는 1066년 자바케티Javakheti 지방을 침입하여 파괴했고, 2년 뒤에는 카르틀리와 아르그베티Argveti를 약탈했다. 트빌리시와 루스타비Rustavi를 조지아인들로부터 다시 빼앗아 간자Gandja 지방의 족장(emir)에게 넘겨줬다. 비잔틴으로부터는 아무 도움도 기대할 수 없었다. 1071년 알프 아르슬란이 비잔틴에게 치명적인 패배를 안기고, 비잔틴 황제 만찌케르트Mantzikert를 생포한 뒤에 비잔틴은 소아시아에 대한 영향력을 완전히 잃었다. 조지아인들에게 이러한 정세 변화는 동방에 조지아가 유일한 기독교 국가가 되어 이교도로부터 반복적인 공격을 받게 되는 것을 의미했다. 이 시기를 조지아 역사에서는 '대 투르크 고난(didi turkoba, Great Turkish Troubles)'이라고 부른다. 기오르기 2세 때는 투르크멘 부족들이 침입하여 여러 지역을 복속하고 주민들을 노예화했다. 이러한 이민족의 침입과 정착은 조지아의 경제와 정치 체계를 크게 쇠약하게 만들었다. 경작지는 유목민을 위한 초원으로 변했고, 농민들은 산악지역으로 밀려나야 했다.

조지아 왕은 셀주크의 수도인 이스파한Isfahan으로 가서 충성을 약속하고, 매년 공물을 바칠 수 밖에 없었다. '대 투르크 고난'은 조지아의 왕권을 크게 약화시켰고, 원심력적인 분열을 촉진했다. 귀족들은 스스로 요새를 건설하고 중앙으로부터의 간섭을 거부했다. 바그라트 4세 때 스스로 왕의 봉신이 되기를 자청했던 카케니의 공후는 기오르기에게 복종하기를 거부하고 이슬람으로 개종하였다. 트빌리시시는 왕으로부터 완전히 독립한 거주민들에 의해 통치되었다. 조지아 왕국의 대귀족들은 그리고리 왕으로 하여금 그의 정력적인 아들 다비드와 왕권을 공유하게 만들었다.

5장 중세 조지아 전성기

다비드 2세

　다비드 2세는 어느 다른 조지아 군주와 비교될 수 없는 업적을 쌓아서 '건설자, 또는 부흥자(aghmashenebeli)'라고 불린다. 1089년부터 1125년까지 재위하면서 다비드는 조지아 왕국을 재통합하고 침략자들을 물리쳤으며, 정부, 군대, 법제, 교회, 귀족제, 세속 문화를 정

▼다비드 2세 초상

비하고 융성시켜 조지아가 12세기 동안 지역 강국의 위상을 누리도록 만들었다. 다비드는 지적 능력이 뛰어나고, 언어에도 조예가 깊으며, 결단력 있고 기회를 잘 활용할 줄 아는 지도자라고 평가되었다. 다비드는 아버지 기오르기 2세로부터 쇠잔해진 왕조를 물려받았다. 876–881년 재위한 다비드 1세, 카르틀리의 명목적 군주였던 다비드 2세(재위 923–937년), 타오–클라레티Tao-Klarjeti의 왕이었던 다비드 3세(재위 930–1001년)의 계보를 따르면 다비드 2세는 다비드 4세가 된다. 선왕 기오르기 2세는 왕위

에서 물러나 1112년까지 생존했던 것으로 알려져 있다.

1089년에는 서부 조지아만이 왕의 통치를 받고 있었다. 다비드가 리키Likhi산 서부 지역으로 사냥을 갔을 때, 셀주크가 자주 침입한 이 지역은 거의 사람이 살고 있지 않았다. 1090년대에 다비드가 셀주크를 격퇴하자 셀주크의 군주인 말릭-샤Malik-Shah는 더 이상 조지아를 괴롭히지 않았다. 숲과 산으로 피신했던 농부들은 다시 들판으로 돌아와 농사를 짓고 부락을 건설했다. 1092년 셀주크 지방 총독인 니잠 알-물크가 암살당하고 말릭-샤도 의문의 죽임을 당했다. 셀주크들은 혼란에 빠졌고, 후계 문제로 내분이 일어났으며 농민들은 반란을 일으켰다. 다비드는 비잔틴제국이 부여한 '최고 지도자'라는 호칭을 벗어버리고 행동의 자유를 얻은 다음 분열을 일삼는 지방 호족들을 제압했다. 그는 모든 땅은 군주에게 속하고, 호족들은 왕에게 충성할 때만 봉토를 계속 유지할 수 있다고 경고했다. 그는 현재의 비밀경찰과 같은 조직을 만들어 귀족과 호족들의 음모와 반란을 감시했다.

1095년 성지 회복을 위해 십자군이 결성되고, 십자군이 서부 아나톨리아 지방을 거쳐 다마스커스(1098년)와 예루살렘(1099년)을 정복하자, 투르크인, 아랍인, 쿠르드인들은 십자군에 대항하기 위해 셀주크를 중심으로 뭉쳤다. 이들은 시리아와 팔레스타인 지방 방어에 집중하느라 트랜스코카사스 지역을 방치할 수밖에 없었다.

다비드 재위 시기에 왕권이 강화되면서 토호들(eristavni)의 세력은 급격히 약화되었다. 이들은 왕에게 협력하거나 아니면 근거지에서 쫓겨났다. 1105년 다비드 2세는 아버지 시대에 왕권에서 벗어나 독자적 세력을 구축하고 있던 카케티의 왕을 격파하고 에레티-카케티

Ereti-Kakheti 지역을 조지아에 다시 복속시켰다. 바그라트 3세와 마찬가지로 다비드 2세는 공후들의 자치권을 박탈하거나 약화시켜 중앙집권화된 위계적인 봉건 왕조체제를 만들려고 했다. 그는 각 지역에 세습적 터전을 유지하고 있는 왕조적 귀족들을 왕에게 전적으로 의존하는 공무적 귀족들로 대체했다. 왕은 각 지역에 지방관을 임명하였다. 이들의 주임무는 세습 토호(estravni)를 제거하는 것이었다. 다비드 2세는 교회에 대한 통제권도 확립했다. 1103년 그는 교회회의를 소집하여 반대파를 구성하는 교회 지도자들을 제거했다. 그는 행정업무 관리기관과 교회 관리기관을 통합하여 이를 관장하는 관리가 수상의 역할을 하게 했다. 이 기관은 얼마 되지 않아 사법과 대외관계 업무도 관할했다. 이 관리는 이슬람 국가의 수상격인 '비지에르(vizier)'의 명칭을 따서 '바지리(vaziri)'로 불렸다. 다비드 2세는 국내의 반대파를 숙청하기 위한 비밀경찰 같은 기구를 만들어 그 책임자를 바지리 바로 밑의 자리에 두었다.

군대를 보강하고 인구를 늘이기 위해 다비드 2세는 외국인들을 초빙하여 군대에 들어오거나 인구가 없는 지역에 정착하도록 했다. 아르메니아인들은 고리Gori 근처 지역에 새로 만든 정착촌에 살게 했다. 약 4만 명의 킵차크Qipchak 투르크 전사들이 가족과 함께 북부 코카사스와 러시아 스텝 지역에서 내려왔다. 킵차크 투르크인들은 곧 기독교로 개종하여 조지아인들과 혼합되었다. 다비드 2세는 킵차크 투르크인들이 자신의 두 적인 셀주크 투르크와 중앙집권화에 반대하는 지방 귀족들과 싸우는데 유용한 무기임을 깨닫고 이들 중 일부는 고위직에 등용했고, 스스로는 킵차크의 공주와 결혼했다. 킵차크인들

중 많은 수가 조지아에 영구히 정착하여 정치와 군사 부문에서 중요한 역할을 했지만, 북부의 스텝지역과 유목 생활을 그리워한 부족 지도자인 아르탁Artak은 스텝지역으로 돌아갔고, 많은 킵차크인들이 그를 따라 귀향했다.

　다비드는 왕국의 중앙집권화와 병행하여 대외 관계에서도 큰 열정을 보여 주었다. 그의 가장 큰 목표는 조지아를 셀주크 침입자들로부터 해방하고, 기독교 왕국을 동쪽으로 팽창시키고, 이슬람들이 정복한 도시들을 탈환하는 것이었다. 다비드는 비잔틴과 평화로운 관계를 유지하는데 힘을 쏟았다. 1118년 그의 딸 카라는 비잔틴 황제의 아들과 결혼했다. 북쪽의 오세트족은 복속시켰다. 다비드 2세의 전쟁의 목적은 이슬람에 대한 종교 전쟁인 십자군 원정과 달리 코카사스를 유목민인 셀주크로부터 해방시키는 것이었다. 1110년 그는 삼쉬빌데Samshvilde 도시를 되찾았고, 셀주크는 크베모 카르틀리Kvemo Kartli를 포기하고 물러났다. 같은 해 그는 셀주크를 격파하고 간자Ganja를 정복했다. 1115년 다비드의 군대는 루스타비를 탈환하고 다음해에 다비드는 직접 타오와 클라르제티로 원정했다. 1117년에는 쉬르반Shirvan을 침공하고, 다음해에 이전 아르메니아 왕국이었던 로리Lori를 셀주크로부터 해방시켰다. 그러나 다비드 2세가 셀주크를 연파하고, 독립시인 트빌리시에 조공을 요구하자 셀주크의 술탄과 트빌리시, 간자와 드마니시Dmanisi의 이슬람 상인들은 연합전선을 폈다. 이 지역의 도시들이 다비드에 대항하기 위해 원조를 요청하자 이라크의 술탄 마흐무드Mahmud는 조지아 원정을 위한 막대한 금액의 세금을 거둬들였다.

1121년 8월 12일 조지아 부대와 아르메니아, 킵차크, 오세틴, 쉬르반 연합군이 디드고리Didgori 인근에서 이슬람군을 기습 공격하여 큰 승리를 거두었다. 이 승리는 조지아 역사에 '위대한 승리(dzleva sakvirveli)'로 불리고 오늘날까지 조지아 사람들이 이 날을 기념한다. 디드고리에서 승리를 거둔 다음 해에 조지아의 통일과 이슬람 세력의 축출이 완결되었다. 다비드 2세는 근 4백 년 동안 이슬람이 장악해온 도시인 트빌리시를 포위한 후 점령한다. 약 5백 명의 주민이 고문 후 죽임을 당하였고, 시의 많은 부분이 불에 탔다. 트빌리시는 국왕령의 도시가 되어 조지아의 수도가 되었고, 오랫동안 누려왔던 자치 도시의 지위를 상실했다. 트빌리시의 주민들은 이후로도 오랜 기간 주로 이슬람을 신봉했고, 다비드 2세는 이러한 종교적 관행을 공식적으로 보호해 주었다. 트빌리시에 대한 관대한 대우에도 불구하고 셀주크와의 투쟁은 바로 끝나지 않았다. 1123-1124년에 쉬르반으로 원정하여 이 지역을 조지아에 통합시켰다. 1123년 바그라트 왕조의 수도였고 당시까지 쿠르드 왕조의 수중에 있던 아니Ani는 다비드에게 자신들의 도시를 통치해 달라고 탄원하였다.

다비드 2세는 통치 마지막 시기에 압하지아인, 조지아인, 아르메니아인과 다양한 이슬람 주민들이 사는 거대한 다민족 국가를 통치하였다. 그의 영역은 흑해와 코카사스로부터 남쪽으로 이전의 대아르메니아 지역을 아우르고, 동쪽으로는 카스피해에 이르는 지역까지 다다랐다. 그러나 영토는 크게 확장했지만 유목민과의 반세기 가까운 전쟁으로 코카사스의 많은 지역은 황폐해졌다. 다비드 2세와 후계자인 데메트레는 도시와 마을, 교회, 길, 다리를 건설해야 했을 뿐만 아니라 폐허로 남은 지역에 사람들이 다시 서주하도록 만들이야 했다. 디비드 2세는 후계자들에게 확장된 영토뿐만 아니라 훨씬 강화된 왕권과 권위도 물려주었다. 다비드 2세의 뒤를 이은 데메트레 1세Demetre I(재위 1125-1154년), 다비드 3세(1156년), 기오르기 3세Giorgi III(재위 1156-1184년)는 큰 영향력을 발휘하지 못하고 영토도 보존하지 못했다. 이들은 아니를 다시 이슬람 세력에 넘겨주고, 남부 타오 지방은 셀주크에게 빼앗겼다. 또한 이들은 조지아의 최고 군주 자리를 놓고 서로 싸웠다.

11세기-12세기에 이룬 정복과 안정으로 독자적인 조지아 기독교 문화와 문명이 형성되었다. 이 문화는 서쪽의 비잔틴 문명과 동쪽의 페르시아 문명과 밀접한 관계를 갖고 있었다. 조지아 사회는 수 세기 동안 농경문화에 바탕을 두고 있었으며, 농민들은 엘리트 전사들에 의해 지배받았고, 이들은 토지에 대한 최종적 지배권을 가지고 있었다. 도시 생활은 발달하지 않았다. 수도 역할을 한 트빌리시는 오랜 기간 이슬람의 지배를 받았으며, 조지아 왕가는 한 곳에 오래 머무르지 않았다. 조지아인들 대부분은 농촌 지역에 살았고, 중세 후반부터 19세기말까지 조지아의 도시에는 주로 이슬람, 아르메니아인과 다른 외국인들이 거주했다.

농촌 사회는 독특한 건축 양식과 문학을 발전시켰다. 기독교 신앙을 기리며 조지아 왕들과 토호들은 교회와 수도원 건축을 주문하고 지도했다. 원시종교 사원 자리에 세워진 교회는 과거의 우상숭배에 대한 그리스도의 승리를 상징했다. 최초로 세례 받은 왕인 미리안, 그

▲겔라티 성당

를 세례 받게 한 카파도키아 출신 수녀 니노를 비롯한 많은 성인과 성녀들이 조지아 문학과 성자전에 등장했다. 그러나 교회가 정통 신앙을 주입시키려고 노력하는 가운데도 농민들은 원시종교 신앙 전통을 계속 유지했다.

11세기 초 쿠라 강과 아라그비 강이 만나는 지점인 므츠케타에 거대한 교회가 건설되었다. 이 교회는 조지아 국민들의 생명력의 상징이 되었으며, 카르틀리 왕들의 매장지가 되었다. 조지아 왕가의 융성기인 12세기에 다비드 2세는 서부 조지아 겔라티Gelati에 수도원을 지었고, 이곳에 요한 페트리트시와 주교 아르세니 같은 철학자들이 거주하고 학문을 연구한 유명한 학교가 있었다.

상류층 사제들의 기독교 문학과 더불어 궁정에서는 세속 문학

이 발달했다. 페르시아 영향을 많이 받
은 시인들은 용기, 사랑, 모험, 친구에 대
한 충성, 여성의 찬미를 노래한 시와 노
래로 봉건적 질서를 묘사했다. 조지아 중
세 문학의 금자탑인 쇼타 루스타벨리
Shota Rustaveli의 '호랑이 가죽을 한 용사
(vepkistiqaosani)'는 조지아어로 된 최고
의 시로 꼽힌다.[5] 교육받지 않은 사람들도
이 시의 긴 구절을 암송하며, 신부들은 남
편들을 즐겁게 하기 위해 이 시를 낭송했
다. 기독교 신앙이 오래된 원시종교 신앙
관습과 공존한 것처럼 고급문화는 서민 문
화와 혼합되었다. 기독교 문화와 세속 문

▲쇼타 루스타벨리 흉상과 그
의 서사시 〈호랑이 가죽을 한
용사〉

화, 비잔틴 문화와 페르시아 문화의 혼합이 12세기 독자적인 조지아
문화를 형성했다. 쇼타 루스타벨리가 조지아어 표준화에 기여했다면,
교회는 통합적 사상을 제공했다.

타마르 여왕

타마르Tamar 여왕(1184~1212년) 때에 조지아의 중세 시기는 절
정에 다다른다. 동시대 사람인 쇼타 루스타벨리에 의해 시로 찬양된
타마르 여왕은 초기에 자신의 권력을 행사하기 위해 많은 노력을 기

〈5〉역주: 쇼타 루
스타벨리 – 므츠케
타 지방의 루스타비
Rustavi에서 태어나
사후 예루살렘에 안
장되었다. 조지아 문
학의 최고의 시인으
로 꼽히며 타마르 여
왕 시절에 각료급의
신하 역할을 하며 철
학자, 정치가로서도
큰 역할을 했다. 그
의 프레스코 초상화
는 예루살렘의 성십
자가 교회에 보관되
어 있다

▲타마르여왕
초상

울여야 했다. 그녀가 즉위할 때 미켈Mikel 대주교(Catholicos)는 행정과 종교를 모두 관장하는 수상의 자리를 차지하고 있었다. 그녀는 종교회의를 소집하여 미켈을 제거하려 하였으나 실패했고, 귀족회의가 왕권을 제한하고 권력을 행사했다. 여왕의 첫 남편인 로스토프−수즈달 공국의 대공 안드레이 보골륩스키Andrei Bogoliubskii의 아들 유리Iurii와의 결혼도 귀족들이 압박을 가해서 성사되었다. 미켈 대주교가 죽자 타마르는 반대파들을 제거하고 권력을 되찾는데 성공한다. 타마르는 러시아인 남편 유리와 이혼하고 1189년 조지아 궁정에서 성장한 오세트인 다비드 소슬란David Soslan과 결혼한다. 타마르는 남편과 함께 1191년 유리의 추종자들인 서부 조지아의 귀족들이 일으킨 반란을 제압하고, 자신의 지지자들은 고위직에 앉혀 왕권을 강화했다. 1191년 타마르는 바르답Bardav과 에르제룸Erzerum을 원정했다. 아르메니아의 셀주크 세력은 패퇴하여 아나톨리아 지방으로 퇴각하고 조지아는 국경 지역에 봉신국가들을 만들었다. 1195년과 1203년 조지아는 대규모 이슬람 군대를 격파하여 아니, 카르스를 탈환하고, 쉬르반에 가신국을 만들었다.

1204년 이후 비잔틴제국이 라틴계 침입자들로 인해 극도로 쇠약해지자 타마르는 기회를 놓치지 않고 흑해 연안 지역을 공략했다. 조지아어와 비슷한 언어를 사용하는 카르트벨리족의 일파인 라즈족Laz과

그리스인들이 거주하는 시노프Sinop부터 트레비존드Trebizond 지역을 복속시키고 조지아에 복종하는 완충 국가를 만들었다. 1204년 타마르는 자신의 조카인 알렉시스를 트레비존드 왕국의 알렉시오스 1세Alexios I로 즉위시켰다. 조지아 군대는 트레비존드, 삼순Samsun과 다른 흑해 연안 도시에 주둔했다. 타마르와 다비드 소슬란은 이웃국가를 자극하는 것을 피하기 위해 더 이상의 해외정복을 자제했다. 1210년부터 1213년 사이에는 고지대 산악민족인 체첸과 다게스탄의 반란을 진압하고 복속시켰다. 1207년 남편 소슬란이 죽자 타마르는 15세 아들인 기오르기 라샤Giorgi Lasha를 공동 군주로 지명했다. 타마르는 산악부족들의 반란을 진압한 후 1213년 1월 죽었다. 후세에 사람들은 타마르의 무덤을 겔라티Gelati, 바르지아Vardzia, 예루살렘의 성십자가 교회에서 찾았지만 아직 타마르 여왕의 무덤의 위치는 밝혀지지 않고 있다. 타마르의 '16세 아들'이 예루살렘에 어머니

▼13세기 초 조지아 전성기의 영역

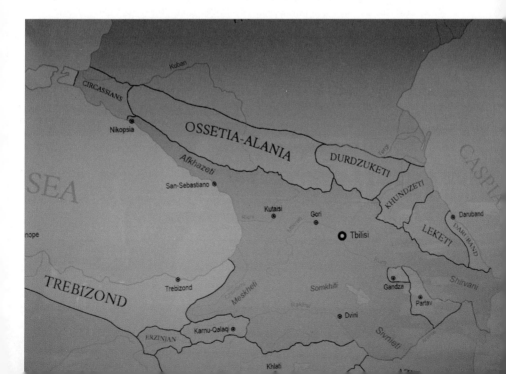

를 매장하기 위해 유골을 가져왔다는 기록을 담은 서신이 남아있고, 1976년 예루살렘 성십자가 교회에서 여성 유골 두 구가 발굴되었지만 DNA검사를 하지 않아 누구의 유골인지 밝혀지지는 않았다. 다비드 나린David Narin왕의 왕비인 후세의 타마르가 1260년부터 1293년까지 겔라티의 성당에 있는 타마르 여왕의 무덤에 기도하러 왔었다는 기록이 보다 설득력 있다. 이에 의거해 겔라티에서는 매년 1월 14일 타마르 여왕 추모 미사가 열리고 있다.

조지아의 군주 중 생애에나 사후에 타마르만큼 시인이나 연대기 작가에 의해 칭송된 사람은 없다. 타마르는 신비화되었고, 특히 산악부족들은 다산과 풍요의 신으로 신전에 그녀를 모시고 있다. 정교회에서 시성諡聖된 타마르는 당대의 성서 필사가들에게는 삼위일체 다음의 네 번째 인물로 묘사되었다. 그녀를 소재로 한 쇼타 루스타벨리의 '호랑이 가죽을 한 용사(The Man in the Panther's Skin)'에서 여주인공들은 남자주인공 못지않게 단호하고 엄격한 인물들로 묘사되었다.

6장 몽골의 침입과 분열과 쇠퇴
(13-15세기)

몽골의 침입

타마르의 아들 기오르기 4세(1212-1223년)는 여왕의 위업을 계승하고, 팔레스타인으로의 원정까지 계획했으나 동쪽에서 온 막강한 군대에 의해 큰 타격을 입는다. 1220년 가을 조지아의 군사령관은 "아르메니아를 이미 황폐화시킨 이상한 말을 하는 이상한 군대가 도착"한 것을 왕에게 보고한다. 이렇게 해서 조지아는 몽골의 출현을 최초로 알았다. 기오르기는 약 9만 명의 병사를 모아서 쿠나니Khunani에서 첫 전투를 벌였으나 크게 패했다. 1223년 몽골과의 전투에서 중상을 입은 기오르기 4세는 사망했고, 여동생인 루수단Rusudan(재위 1223-1245년)이 왕위를 이었다. 1225년에는 투르크멘 부족들이 동쪽에서 침입해 와서 동부 조지아의 많은 지역을 점령했고, 1236년 몽골군이 세 번째로 코카사스를 공격하자 루수단은 트빌리시를 버리고 쿠타이시로 도망했다. 동부 조지아는 몽골 수중에 떨어지고 매년 조공을 바치기로 하고 강화조약을 맺었다. 1243년 루수단 여왕은 몽골의 종주권을 최종적으로 인정했다. 1245년 루수단이 죽자, 몽골은 코카사스 지방을 8개 지역으로 나누어 통치했다. 1250년 몽골은 기오르기의 아들인 다비드 4세와 루수단의 아들인 다비드 5세로 하여금 조지아를 분할하여 통치하도록 했다. 몽골의 행정은 조세와 공물이 제대로 상납되도록 하는데 초점이 맞춰졌다. 몽골의 과도한 징세에 고통을 받던 조지아의 귀족들은 1259-1260년 반란을 일으켰으나 진압이 되고 말았다. 몽골 지배 하의 조지아는 반독립적인 여러 공후국으로 분할되어 쪼개졌다. 몽골은 자신들에게 충성하는 귀족들의 세력을 키웠다. 몽골은 여러 지방의 공후들을 마음대로 임명하고 폐위시켰다. 13세기 후반 여러 왕이 조지아에 나타나 공동으로 통치했다. 바흐탕 2세(재위 1289-1292년), 다비드 7세(재위 1292-1310년) 기오르기 5세(재위 1299-1314년), 바흐탕 3세(재위 1301-1307년), '작은' 기오르기 5세(재위 1307-1314년) 등이 짧은 기간 왕위에 오르며 몽골 지배 시기에 왕조를 이어나갔다.

페르시아의 일칸국(Il-khan) 지배가 와해되면서 내부 분규의 영향이 조지아와 아르메니아에 미쳤다. 몽골에 의한 잦은 침입은 아르메니아 주민들로 하여금 좀 더 안전한 조지아로 이주하게 하였고, 조지아 농민들은 카르틀리에서 삼츠케 지역으로 이주했다. 타마르 여왕의 전성기로부터 1세기가 지난 후 조지아는 분할되고 황폐해졌다.

분열과 쇠퇴(14-15세기)

14세기는 조지아왕들이 몽골 지배로부터 자신들의 왕국을 해방시키고 무너져가는 봉건 체제를 되살리려고 노력한 시기로 기록된다. 페르시아의 일칸국의 쇠퇴로 조지아는 일시적인 부흥과 통합의 시대를 맞을 수 있었다. 기오르기 5세(1314-1346년)는 약 20년 동안 통일된 조지아를 통치할 수 있었다. 1316년 일칸국을 방문한 그는 조지아 전체의 가신으로 임명받는다. 1327년 일칸국 내의 내분을 이용하여 그는 조지아에서 몽골 세력을 몰아내고 조공 상납을 중단하여 조지아-몽골 협력 시대에 종지부를 찍었다. 1329년 기오르기는 서부 조지아에 원정하여 지방 토호 세력을 약화시키고, 5년 뒤에는 삼츠케를 점령하였다. 기오르기 5세의 뒤를 이은 다비드 7세(재위 1346-1360년)와 바그라트 5세(재위 1360-1395년) 시기에는 비교적 안정적 왕권이 유지되었다. 기오르기 5세는 지방 공후의 재산을 가신들에게 나누어 주면서 봉건 제도를 부활하는데 어느 정도 성공했다. 11세기부터 시작된 조지아 왕조의 이러한 전통은 몽골 시대에 형식만 남게 되었는데 이를 다시 살린 것이다.

유럽 다른 지역에서와 마찬가지로 14세기에는 조지아도 여러 가지 재앙을 피해가지 못했다. 1366년 유럽에서 발생한 흑사병이 조지아를 휩쓸었다. 1386년 티무르Timur가 이끄는 타타르 세력이 조지아를 침공했다. 티무르는 총 여덟 번 조지아를 침공했는데, 1386년의 첫 침공에서 트빌리시를 파괴하고 바그라트 5세와 그의 부인과 아들을 납치했다. 이러한 혼란을 이용하여 이메레티의 공후는 1387년 자신을 이메레티의 알렉산드레 왕이라고 선포했다. 바그라트 5세의 아들인 기오르기 7세(재위 1395-1405년)는 타타르 세력을 몰아내기 위해 애를 쓰다가 전사했다.

통일된 조지아의 마지막 왕은 신앙심이 깊은 알렉산드레 1세 Aleksanre I(재위 1412-1442년)였다. 그는 이메레티의 타마르 공주와 결혼하여 서부 조지아를 통합시켰다. 그는 1425년부터 1440년까지 국가 재건을 위한 중세를 부과했는데, 오히려 이것이 주민들에게 큰 부담이 되어 주민들은 촌락을 떠나고 농촌은 황폐해졌다. 도시 지역도 상업이 쇠퇴하고 인구가 줄어들었고 몇몇 도시는 이때 아예 사라져 버렸다. 당면한 많은 문제를 해결할 수 없었던 알렉산드레 1세는 스스로 왕위를 아들에게 물려주고 수도원으로 들어갔다. 그의 뒤를 이은 바흐탕 4세(재위 1442-1446년) 때부터 조지아의 주도권 쟁탈을 위한 치열한 싸움이 벌어졌다. 바흐탕의 정당한 후계자는 알렉산드레의 둘째 아들인 데메트레 3세(재위 1446-1453년)였으나 그의 동생인 기오르기 8세(재위 1446-1465년)가 권력을 장악했다. 서부 조지아의 귀족들은 기오르기의 통치를 거부했다. 1463년 바그라트와 서부 조지아의 귀족들은 치코리Chikhori 전투에서 기오르기 8세의 군대를 격파하고 바그라트는 이메레티 지역의 왕이 되었다. 그러나 그는 자신을 도운 귀족들에게 보상하기 위해 서부 조지아에 네 개의 공후국을 세워 공후로 임명했다. 기오르기 8세는 동부 조지아의 반란을 진압하기 위해 나섰다가 반란 세력의 포로가 되었고, 이러한 기회를 틈타 이메레티의 바그라트는 자신을 조지아의 왕 바그라트 6세(재위 1465-1478년)로 선언하였다. 이후에도 계속된 왕족간의 치열한 음모와 싸움으로 15세기 말 조지아는 3개의 왕조와 수많은 공후국으로 분열되었다. 기오르기 8세의 아들은 카케티의 왕이 되어 알렉산드레 1세(재위 1476-1511년)로 통치했고, 바그라트 6세의 아들인 알렉산드레 2

세(재위 1491-1510년)는 이메레티의 왕이 되었다. 카르틀리 시방은 콘스탄틴 2세Konstiantin II(재위 1479-1505년)가 통치하였으나 삼츠케 지방은 별도의 공후가 통치했다. 이렇게 사분오열 분열된 조지아는 19세기 초 러시아에 의해 병합될 때까지 다시는 통일 왕국을 이루지 못했다.

7장 16-18세기의 조지아

오스만제국의 부상과 이란

15세기를 지나면서 조지아는 소아시아와 중근동 지방에서 일어나는 큰 세력 변화의 영향을 피해갈 수 없었다. 1453년 오스만제국은 콘스탄티노플을 점령하여 비잔틴제국을 멸망시켰고, 1461년 트레비존드도 멸망시켰다. 1646년에는 크림 반도를 점령하여 흑해의 제노바 무역기지들을 문닫게 했다. 이렇게 하여 오스만제국은 흑해 동부, 남부, 동부 해안을 완전히 장악했다. 이에 더해 신대륙의 발견과 새로운 항로의 개척으로 아시아에서 유럽으로 이어지는 새로운 무역로가 개척되었으며 아나톨리아와 코카사스를 통하는 유서 깊은 무역로는 그 중요성을 상실하게 되었다. 고대 문명의 근거지가 된 중근동 지역은 유럽의 대도시들이 발전하면서 점점 더 낙후된 지역이 되었다. 15세기 말 시아파 이슬람을 신봉하는 사파비드 이란 왕조가 들어서면서 동부 조지아는 다시 이란과 밀접한 관계를 맺게 되었다.

내부적으로는 사분오열 분열되고, 외부적으로는 각각 동쪽과 서쪽에 강력한 제국이 출현하면서, 16세기에 조지아는 경제적으로 쇠퇴의 길을 걷게 되었다. 북부 산악지역의 부족들이 자주 침입하면서 농민들은 농업을 발전시키는데 어려움을 겪었다. 상업, 농업의 쇠퇴는 수공업 발달과 조지아 도시의 발전도 가로막았다. 당시 트빌리시는 겨우 2만 가구 정도가 살았는데, 이것은 총 인구가 10만 명에도 미치지 못했다는 것을 뜻한다. 트랜스코카사스와 이란과 연결된 카케티 지방의 도시와 촌락들만이 상대적으로 번영을 유지했다.

당시의 조지아의 세 왕조 중 이메레티가 정치적 분열의 영향을 가장 크게 받았다. 이메레티의 왕 바그라트 3세(재위 1510-1565년)는 오스만제국의 반복적인 공격을 받았을 뿐 아니라 적과 자주 동맹을 맺는 지방 영주들과도 싸워야했다. 1510년 투르크군은 서부 조지아와 삼츠케를 침공하고, 이메레티의 수도 쿠타이시를 기습 공격했다. 이 때부터 수백 년 간 이 지역은 조지아와 투르크의 영토 쟁탈 경쟁의 대상이 되었다. 1549년을 비롯하여 몇 번은 사파비드 이란도 이 지역의 쟁탈에 뛰어들었다. 이러한 전쟁들은 민족이나 종교에 바탕을 둔 국가 방어 전쟁이 아니라, 코카사스의 정치 전통이 그랬던 것처럼 해당 지역의 주도권을 차지하기 위한 배신과 동맹의 연장선에 지나지 않았다. 지역 공후들은 어떤 때는 왕의 편을 들기도 하고, 어떤 때는 주변 강대국과 손을 잡았다.

카르틀리의 가장 큰 위협은 사파비드 이란이었다. 사파비드 군대는 1536년 카르틀리를 침공하여 트빌리시를 2년 간 장악했다. 1541년부터 1544년까지 사파비드 왕조의 샤 타흐마스프Shah Tahmasp는 조지아에 네 차례 원정했다. 그는 카르틀리의 요새들을 점령하고, 1548년에는 트빌리시를 재점령했다. 이란의 사파비드 왕조와 오스만제국 모두 트랜스코카사스 지방에 대한 종주권을 확보하기 위해 출정했지만, 두 제국의 충돌은 그 원정길에 통과한 국가들에게 치명적 피해를 입혔다. 약 반세기 간의 전쟁 끝에 두 제국은 1555년 아마사**Amasa** 강화조약을 맺고 조지아를 나누어 각각의 영향력 아래 두었다. 카르틀리, 카케티, 동부 삼츠케 지역은 이란의 차지가 되었고, 이메레티와 그 공후국과 서부 삼츠케 지역은 투르크 수중에 떨어졌다.

카르틀리의 왕인 루아르삽 1세**Luarsab I**(재위 1527-1556년)는 두 제국의 거래를 인정하지 않고 사파비드 왕조의 팽창을 거부하다가 죽임을 당했다. 그의 아들인 켈리 스비몬**Kheli Svimon**(재위 1556-1569)도 사파비드 왕조에 대항하는 전쟁을 계속 이어갔고, 1569년 전쟁 중 생포되어 감옥에 갇혔다. 사파비드 왕조가 이슬람으로 개종시킨 스비몬의 형제 다비드 9세(재위 1569-1578년)를 왕좌에 앉힘으로써 카르틀리에 대한 지배권을 확고하게 확립했다. 이때부터 카르틀리는 이란에 매년 조공을 바치는 봉신국이 되었는데, 이런 상황은 18세기 말 제정 러시아가 이 지역에 내려올 때까지 계속되었다. 약 250년간 카르틀리와 카케티의 왕들은 간헐적으로 이란의 영향을 벗어나려는 시도를 했지만, 사파비드 왕조의 군주의 비위를 맞추며 지역을 통치하는 노선을 벗어나지 않았다. 같은 시기에 서부 조지아의 군주들은 상시적인 오스만제국의 위협에 직면하였다. 조지아는 오스만제국에 의해 유럽으로의 접근로가 차단되고, 북부 산악지역의 부족들 때문에 제정러시아와도 차단되었다. 처음에는 조지아인들 스스로가 국가를 분열시켰지만, 이제는 정치적으로나 문화적으로 두 제국의 지배권 안에 들어간 양 지역의 분할이 오래 지속되었다. 동부의 카르틀리-카케티는 오스만의 수도 이스탄불에, 이메레티는 사파비드 왕조의 수도 이스파한을 바라보게 되었다.

이란, 오스만, 러시아의 경쟁과 각축

트랜스코카사스에 대한 투르크와 이란의 경쟁은 16세기 말 러시아
가 무대에 등장하면서 3각 경쟁이 되었다. 1554년 제정러시아는 볼가
강 하구의 항구 아스트라한Astrakhan을 점령하면서 카스피해와 코카
사스로의 진입로를 열었다. 1558년 카케티의 왕 레반 1세Levan I(재
위 1514-1574년)가 러시아와 처음 접촉했지만, 그의 아들 알렉산드
레 2세 시기에 러시아는 카케티에 사절단을 여러 번 보냈다. 알렉산드
레 2세는 이란과 다게스탄Daghestan의 쿠미크족Kumykh과의 싸움
에서 러시아의 보호를 기대했다. 모스크바 대공국의 짜르 표도르 이
바노비치Fedor Ivanovich는 1589년 카케티를 자신의 보호 아래 두겠
다고 선언했다. 이 해에 알렉산드레 2세는 짜르 표도르의 사절 즈베니
고로드스키공Prince Zvenigorodskii과 안토노프Antonov를 받아들였
고, 짜르에 대한 충성을 서약했다. 그러나 러시아의 지원은 약속으로
만 끝났고, 알렉산드레는 수차례 러시아의 사절들에게 적극적인 지원
을 촉구했다.
17세기 초엽에 오스만제국이 트랜스코카사스의 가장 강력한 세력
이었지만 이란의 새로운 정력적 군주 샤 아바스 1세Shah Abbas I(재
위 1587-1629년)는 소아시아와 트랜스코카사스에서의 영향력을 되
찾기로 결심했다. 약 30년 동안 아바스는 조지아와 아르메니아에서

전쟁을 치렀는데, 이것은 코카사스의 기독교인들에게 큰 피해를 초래했다. 아바스는 1602년 트랜스코카사스를 침공하여 투르크와의 전쟁을 시작했다. 그는 예레반을 포위하고 로리, 다베다Da beda, 예니셀리Eniseli 지역에 칸국을 설치했다. 그는 투르크와 전쟁을 치르면서 카케티의 알렉산드레 2세와 카르틀리의 기오르기 10세(재위 1599-1605년)와 동맹을 맺어 같이 원정할 것을 요구했다. 알렉산드레 2세는 이란과 같이 원정을 했지만, 카케티에 남아 있던 그의 아들 기오르기는 러시아와 가까워지는 쪽을 택했다. 러시아군이 자게미Zagemi를 침입한 투르크군을 물리치자, 기오르기는 러시아에 충성을 맹세했다. 1605년 카케티 왕가의 피비린내 나는 싸움 끝에 이란은 콘스탄틴을 카케티의 왕으로 지명했으나, 귀족들은 반란을 일으켜 그를 죽이고 타이무라즈 1세Taimuraz I(재위 1605-1648년)를 왕으로 옹립했다. 샤 아바스는 조지아의 두 기독교 왕인 카케티의 타이무라즈 1세와 카르틀리의 루아르사브 2세(재위 1606-1614년)를 인정할 수밖에 없었다. 아바스는 조지아 문제에 러시아가 간섭하는 것을 염려했다. 1614년 아바스는 다시 공세를 취해 두 왕을 모두 폐위시키고, 이슬람 교도인 바그라트 7세(재위 1614-1619년)와 예세 칸Iese Khan을 각각 카르틀리와 카케티의 왕으로 임명했다.

이란의 샤 아바스의 성공적인 투르크와 조지아 공략으로 동부 코카사스에서의 이란의 주도권은 다시 확보되었고, 이란과 오스만제국 사이의 경계선은 1555년 아마사 조약 당시로 되돌려졌다. 카케티의 왕좌에서 쫓겨나 이메레티에 망명 중이었던 타이무라즈 1세는 이메레티의 왕 기오르기 3세와 함께 1615년 러시아의 짜르 미하일 로마노프에게 편지를 보내 도움을 요청했다. 1624년 이늘은 러시아에 다시 도움을 요청했으나, '혼란의 시대(Time of Troubles)' 직후의 러시아는 조지아를 도울 수가 없었다.[6] 귀족들이 반란이 일으키자 아바스는 타이무라즈를 카르틀리-카케티의 왕으로 인정했지만, 1629년 죽을 때까지 아바스는 동부 조지아에 대한 영향력을 계속 유지하였다. 이러한 이란의·지배와 내부 혼란으로 조지아의 경제는 피폐해졌다. 교역은 줄어들었고 도시 인구도 급감했다. 1670년대 쿠타이시의 인구는 천여 명에 불과했고, 흑해 연안의 무역항구들도 인구가 수백 명으로 줄어들었다.

조지아 역사에서 여러 번 그랬던 것처럼 17세기 전반 조지아는 거의 멸망 상태에 처했다. 서로 싸우는 공후들과 왕들은 오스만제국과 이란에 대해 효과적인 저항을 펼칠 수가 없었다. 서부 조지아의 공후들은 오스만제국에 충성을 약속했고, 카르틀리의 바그라트 왕조의 공후들은 이란 사파비드 왕조의 지시를 받으며 통치하고 있었다. 17세기 중반 조지아는 일시적 재건을 맞는다. 카르틀리 왕가의 후손인 쿠르스라우 미르자Kursrau Mirza는 이란의 총독으로 있으면서 아바스의 손자 사피Safi가 왕위에 오르는 것을 도왔는데, 사피는 이에 대한 보답으로 미르자를 트빌리시의 총독으로 임명하였다. 조지아에 로스톰Rostom(재위 1632-1658) 왕으로 알려진 그는 그곳에서 카르틀리를 통치하였고, 1648년부터 1656년 사이에는 카케티도 통치하였다. 이 시기에 이 지역은 상대적인 안정과 번영을 되찾았다. 로스톰은 사파비드 군주들에게 충성스러웠던 조지아의 자치권을 어느 정도 확대하는데 성공했다. 그는 상업을 부흥시키고 도시들을 되살렸다. 17

〈6〉역주: 혼란의 시대-1584년 러시아의 이반 4세의 죽음부터 1613년 로마노프 왕가의 출범까지의 궐위 시기

세기 후반 조지아인들은 분열된 왕조를 통일하고 이슬람 지배를 러시아의 보호로 대체하려고 여러 번 시도하였지만 매번 투르크와 이란에 의해 좌절되었다. 카르틀리-카케티의 많은 귀족은 이란 궁정에서 샤의 신하와 충복으로 이란에 봉사했다. 근대 초기 조지아의 모든 지도층 인사들은 이슬람 군주에 대해 충성스런 봉사를 계속하거나, 아니면 쉽게 이루어지지 않는 독립의 꿈 사이에서 선택을 해야 했다.

18세기 조지아의 역사는 두 명의 뛰어난 군주인 바흐탕 6세와 에레클레 2세Erekle II가 주도했다. 이 두 군주는 이란에의 복종과 독립 사이에서 나름의 영역을 찾으며 거의 3/4세기 동안 군림했다. 이들은 잠시 동안 이란의 충복이었지만, 이란이 내분에 휘말리자, 러시아의 도움에 큰 기대를 하며 독립의 길을 찾으려고 노력했다. 바흐탕은 1703년 원래 자신의 삼촌이었던 기오르기 11세의 섭정으로 출발하였으나 성공적인 개혁의 추진과 1707년-1709년 사이에 이루어진 법전 편찬 작업의 성공적 완수로 유명해졌다. 왕위를 계승하기 위한 절차인 이슬람 개종을 거부한 그는 아스타판에서 2년 동안 감금되다시피 하였다. 이란은 그 대신 이슬람으로 개종한 이예세Iese를 왕위에 앉혔다. 바흐탕은 자신의 신앙과 억울한 처지를 알리기 위해 프랑스의 루이 14세에게 밀사를 보내 이란 궁정에 압력을 행하도록 요청했으나 무위로 끝나자, 1716년 마지못해 이슬람으로 개종하는 의식을 치렀다. 바흐탕은 이러한 와중에도 러시아의 대사 볼린스키Artemii Volynskii에게 사람을 보내 자신의 진정한 종교적, 정치적 신념을 밝혔다. 카르틀리로 돌아온 그는 바로 러시아에 트랜스코카서스 문제에 관여할 것을 요청했다. 그는 이란의 쇠퇴와 러시아의 남진을 계산하고 이런 요청을 했다.

몇 번의 지연 끝에 스웨덴과의 대북방 전쟁의 승리로 자신감을 얻은 표트르 대제는 1722년 아스트라한에 주둔한 러시아 군대의 일부를 남쪽으로 파견했다. 이 시점은 간섭에 호기였다. 아스타판이 아프칸인들에 의해 점령되면서 이란은 극도의 혼란에 빠진 상태였다. 바흐탕은 이란의 지원 요청을 거부하고 러시아군의 도착을 기다렸다. 그러나 표트르 대제는 코카사스의 기독교도들의 반란을 돕지 못했다. 투르크와의 관계가 악화될 것을 염려한 표트르 대제는 군대를 회군시켰다. 이것은 조지아뿐만 아니라, 카라바흐Karabakh 지역에서 이슬람군과 힘겨운 싸움을 펼치고 있던 아르메니아인들에게도 불운이었다. 투르크의 침입과 카케티의 콘스탄틴 왕의 도전을 받은 바흐탕은 트빌리시를 떠날 수밖에 없었다. 그는 코카사스를 떠나 러시아로 들어갔고, 1737년 그곳에서 죽었다. 러시아가 코카사스의 기독교인들을 돕지 못하자, 이 지역은 다시 오스만제국의 수중에 들어갔고, 조지아 역사에서는 짧았지만 잔학했던 오스만 지배시기를 '오스만로바(osmanloba, 1723-1735년)'라고 부른다.

이란은 국내의 내홍에도 불구하고 동부 조지아를 쉽게 투르크에 넘겨주려 하지 않았다. 이란의 영향력 회복은 조지아인들이 투르크에 반기를 든 것과 같은 시기인 1730년대에 시작되었다. 1732년 카케티의 왕 콘스탄틴은 투르크와의 관계를 끊으려고 시도하다가 살해를 당했다. 투르크는 그의 왕좌를 동생인 타이무라즈 2세에게 넘겼고, 이렇게 해서 카르틀리와 카케티가 재통합되는 기반을 마련했다. 1733년 압하즈인들은 서부 조지아에서 투르크에 큰 패배를 안겼다. 새로 이란의 샤가 된 나디르Nadir(재위 1736-1747년)는 조지아에 대한 영향력을 회복하기 위해 1734년-1735년 두 차례 원정을 했다. 타이무라즈는 이란 진영으로 망명을 했고 1735년 이란-조지아 연합군은 트빌리시를 장악했다. 나디르가 샤로 있는 동안 이란은 동부 조지아, 아르메니아, 아제르바이잔에서 영향력을 유지할 수 있었다. 표트르 대제 이후 러시아는 코카사스의 전방 기지를 유지할 능력도 없었고, 관심도 없었다. 러시아는 이란과 조약을 맺어 피터 대제가 확보한 영토 중 술락 Sulak 강 이남 지역은 포기했다.

18세기 중반의 조지아는 투르크나 이란의 보호를 받는 왕국들과 칸국, 공후국들이 모자이크를 이루는 복잡한 형국이었다. 타이무라즈와 에레클레는 자신들의 세력을 확장하면서 세 방면에서 저항을 받았다. 첫 번째는 조지아의 라이벌 왕가들, 특히 바그라트 왕가였고, 두 번째는 동부 조지아의 이슬람 칸들이었으며, 세 번째는 북부 산악지역의 부족들이었다. 카르틀리의 왕이었던 에레클레 2세는 1748년 트빌리시를 반란 세력으로부터 탈환하였고, 타이무라즈가 러시아에서 죽자 그의 뒤를 이어 왕위에 올라 카르틀리-카케티 통일 왕조의 왕(1762-1798년)이 되었다. 그의 통치 시대에 동부 조지아는 광대하지만 세력이 약한 코카사스 제국의 핵심이 되었다. 에레클레 2세는 야망이 크고, 정력적이며, 때로는 독단적인 군주였다. 그는 수상, 군사령관, 최고재판관의 역할을 모두 맡으며 통치를 했다. 국내적으로는 토호들(eristavni)의 세력을 약화시키고 이 자리를 왕이 임명한 신하들로 채웠다. 그는 군사 개혁을 시행하여 군대 유지를 위한 세금을 징수하고 전방의 요새들에 항시 건장한 병사들을 주둔시켰다. 그는 또한 전문적 법관들이 주관하는 사법제도를 만들고, 다게스탄 산악부족의 반복적 공격으로 인구가 줄어든 지역을 채우기 위해 아르메니아로부터 이민을 받아들였다. 또한 수공업과 상업을 발달시키기 위해 도시 거주민들에게 특혜를 주었고, 그리스 장인들을 초청하였다. 그러나 그의 노력은 산악부족의 침입과 간헐적인 이란의 침공으로 방해를 받았다. 카르틀리는 경제적으로 침체되고 인구가 부족했지만, 카케티는 상대적으로 사정이 나았다. 당시의 주민들 생활은 풍요와는 거리가 멀었지만, 16세기나 17세기와 비교하면, 물질적 성장과 상업의 부흥이 일어났다. 봉건적 체제가 쇠퇴하면서 상업적 관계가 발달했다. 농민들은 평화가 지속되는 상황에서 농업에 집중할 수 있게 되었으며, 지주들도 규칙적인 공물과 노동력을 확보할 수 있었다. 러시아와의 상업적 관계도 발달했다. 장거리 국외 무역에서는 아스트라한을 통한 러시아와의 교역로가 중요해졌고 이란과의 관계는 약화되었다. 러시아 화폐가 상거래에서 많이 사용되었고, 16세기, 17세기의 물물교환적 경제는 화폐를 매개로 한 상거래로 대체되었다. 이러한 경향은 상업중심지로 부상한 트빌리시, 고리, 텔라비Telavi, 시그나기Sighnaghi에서는 더욱 두드러졌다.

에레클레 2세 시기 러시아와의 정치, 지식 교류도 강화되었다. 1768년 러시아와 오스만제국의 전쟁이 발발하자, 예카체리나 여제(재위 1762-1796년)는 주전선이 발칸 지방과 크림 반도임에도 불구하고, 조지아군대를 이용하여 투르크군을 코카사스에 묶어 놓으려고 했다. 선대 시대에 러시아에 대한 지원 요청이 반복적으로 거절되었지만, 에레클레 2세는 카르틀리-카케티를 투르크의 공격으로부터 보호받는 것을 조건으로 러시아와 협력하기로 동의했다. 러시아의 지원 약속을 전적으로 신뢰하지는 못했지만, 동부 조지아의 지도층은 이란, 투르크, 다게스탄의 침입에 대한 기독교 국가의 도움에 점점 기대를 걸었다.

이메레티의 왕 솔로몬 1세Solomon I(재위 1752-1765년, 1768-1784년)는 왕위에 다시 복귀한 후 러시아의 지원에 훨씬 큰 기대를 걸었다. 재위 초기 투르크의 노예무역을 반대하다가 왕위에서 쫓겨난 솔로몬은 어렵게 왕위에 복귀한 뒤 1769년 트빌리시로 와서 에레클레를 만나고, 두 사람은 예카체리나 여제에게 5개 연대를 보내주고 투르크와의 조약 체결 시 조지아의 이익을 지켜줄 것을 청원했다. 그러나 러시아는 5백 명의 군대만 보내고, 가장 어려운 시기에 이 부대마저 철수하여 조지아군을 곤경에 빠뜨렸다.

에레클레는 조지아의 생존은 러시아로부터의 확고한 약속에 달려 있다고 생각하고, 1773년 자신의 아들 레반Levan과 대주교 안토니Antoni를 상트 페테르부르그로 보내서 카르텔리-카케티를 러시아의 보호 아래 두도록 예카체리나에게 직접 청원하게 했다. 그는 4천 명의 러시아병사가 조지아에 주둔하고, 자신 일가의 왕위계승권을 인정하며, 조지아 정교회의 독립성을 보장해 주고, 러시아군이 투르크에게 잃은 영토를 되찾아줄 것을 요청했다. 그러나 푸카초프의 반란으로 큰 위기를 맞은 예카체리나는 1774년 서둘러서 투르크와 강화조약을 체결했고, 조지아의 요청은 다시 한 번 묵살되었다. 트랜스코카사스에 대한 러시아의 관심은 약 10년 동안 사라졌다가 1780년대 초

▶다랼계곡 통로

반 되살아났다. 예카체리나는 조지아에 진출하기로 결정하면서 투르크와 다시 대립관계에 섰다. 1783년 7월 24일 양국의 전권대사는 게오르겝스크Georgievsk 조약을 체결하여 카르틀리-카케티를 러시아의 보호 아래 두기로 합의했다. 이 조약에 따라 에레클레 가문의 왕위계승권이 보장되고, 왕위계승자는 러시아 궁정으로부터 서임을 받고, 러시아군대가 조지아에 주둔하며, 조지아의 외교 정책은 러시아의 선호를 고려하여 결정하기로 되었다.

처음에는 러시아-조지아 관계가 카르틀리-카케티의 부흥을 약속하는 듯 보였다. 1784년 다랼 계곡Daryal Pass을 통하는 조지아 군사도로(Georgian Military Highway)가 완성되고, 북쪽끝인 블라디카프카즈Vladikavkaz에 러시아 요새가 건설되었다. 러시아는 에레클레의 라이벌 가문이 왕위에 오르는 것을 더 이상 후원하지 않았고, 짜르 군대가 트빌리시에 도착했다. 코카사스에서 이란과 투르크의 영향력이 줄어들었지만, 프랑스를 포함한 유럽 열강들은 중근동의 정세가 새로 나타난 경쟁자인 러시아에 유리하게 변하는 것을 염려하기 시작했다.

조지아에 대한 보호와 좀 더 안전한 미래에 대한 약속은 지켜지지 않았다. 1787년 제2차 러시아-터키 전쟁이 발발하자, 예카체리나 여제는 발칸 지역에서의 전투에 집중하기 위해 조지아에 있던 러시아군을 철수시켰다. 러시아군 없이 남겨진 조지아는 1795년 이란의 샤 아가 모함메드 칸Ahga Mohammed Khan의 침공을 받아 트빌리시가 불타버렸고, 에레클레 왕은 카케티로 피신할 수밖에 없었다. 예카체리나는 죽기 직전 조지아에 군대를 다시 주둔시켰으나, 그의 아들인 파벨Pavel은 다시 군대를 철수시켰다. 에레클레는 카르틀리로 돌아오지 못하고 1798년 카케티에서 생을 마쳤다. 한 역사가는 "1783년 러시아가 조지아에 약속한 단순한 보호는 이 불행한 땅을 불행의 심연으로 끌어들여 완전히 소진시켰다"라고 평가했다.

러시아 궁정의 변덕스런 태도에도 불구하고 다른 곳에 보호의 손길을 기대할 수 없었던 조지아 군주들은 러시아의 보호국이 되려는 시도를 되풀이했다. 동부 조지아의 마지막 왕인 기오르기 12세(재위 1798-1800년)는 자신의 형제들과의 주도권 싸움에서 밀리자 러시아 제국에 국가를 병합시키려는 절망적 시도를 했다. 그는 러시아의 라자레프Lazarev 장군에게 "우리의 땅은 황제 폐하에게 속해 있고, 우리는 이 사실을 우리의 피의 마지막 한방울까지 바쳐 맹세한다"라는 편지를 썼다. 1800년 12월 18일 러시아 짜르 파벨Pavel(재위 1796-1801년)은 카르틀리-카케티의 러시아 병합을 공식으로 선언했다. 병합 이후에도 조지아의 모든 계급은 특권을 유지한다고 선언되었지만, 바그라트 왕조의 지속 여부는 미결인 채로 남겨졌다. 기오르기 12세는 편하게도 첫 러시아부대가 트빌리시에 도착하기 전에 세상을 떠났다.

파벨의 뒤를 이은 짜르 알렉산드르 1세Aleksandr I(재위 1801-1825년)는 러시아의 이익과 조지아의 장래는 조지아의 완전한 병합으로 달성될 수 있다고 결정했다. 1801년 젊은 러시아 황제는 카르틀리-카케티 왕국은 소멸되었다고 선언했다. 그는 일방적으로 바그라트 왕조를 종결시킴으로써 조지아인들이 러시아의 조치에 동의할 수 있는 길을 막아버렸다. 상호 동의에 의한 조약을 맺거나, 상트 페테르부르그에 주재중인 조지아 대표들과 협의하지도 않고 짜르는 최종 결정을 내렸다. 당시 러시아에 있던 조지아 왕자 차브차바제 Chavchavadze는 트빌리시의 친지에게 다음과 같이 썼다. "러시아인들은 기오르기 왕의 요구를 단 하나도 이행하지 않았다. 그들은 우리 왕조를 멸망시켰다. 어떤 나라도 조지아만큼 모욕을 당하지 않았다."

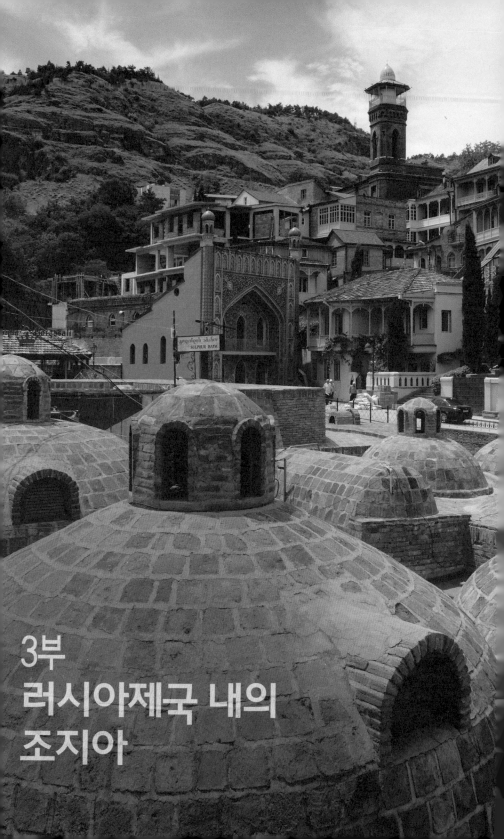

3부
러시아제국 내의
조지아

8장 러시아의 지배와 조지아 사회

러시아가 동부 조지아(카르틀리-카케티)를 합병한 후 크림전쟁
이 발발하기까지 약 60여년의 기간 동안 트랜스코카사스 사회는 되돌
릴 수 없을 정도로 크게 변했다. 조지아의 변형은 같은 시기 서유럽에
서 일어난 정치 변화와 산업혁명만큼 근본적이고 깊었다. 러시아와의
병합은 일부 그룹에게는 새로운 기회를 만들어주고 충성을 조장했고,
다른 그룹에게는 소득은 없었지만 중앙화된 관료적 지배에 대한 지속
적 저항을 야기했다. 짜르 정부는 이러한 저항을 무력화시키기 위해
조지아 귀족 계층을 회유하여 새로운 질서에 합류하도록 했다. 약 50
년의 러시아 지배가 끝날 무렵 한때 저항적이고, 반半독립적이었던
조지아 왕조는 새로운 군주에 봉사하는 '공무 귀족(service gentry)'으
로 바뀌었다. 이와 동시에 아르메니아 상인들과 코카사스 도시의 장
인들은 러시아의 보호 아래 생업을 발전시켰고, 중동과의 거리를 멀
리하고 특권적인 러시아 상인들과 경쟁하며 러시아와 유럽의 상업 활
동에 가담했다. 트랜스코카사스의 농민 계층은 러시아의 농노들과 거
의 같은 처지에서 새로운 세금과 수탈에 시달렸다. 조지아와 아르메
니아의 교회들도 새로운 정치 질서를 수용해야 했다.

러시아 정복 이전의 조지아의 역사는 정치적, 영토적 분열과 통일

을 향한 반복적인 시도의 복합 스토리였다. 제정러시아는 19세기 첫 10년 동안 월등한 군사적 힘을 이용하여 조지아의 영토를 '모으기' 시작하여 그 위에 하나의 정치적 실체를 만들었다. 1801년 카르틀리-카케티를 병합한 후 러시아는 서쪽으로 옮겨가서 1803년 12월 밍그렐리아Mingrelia를 보호령으로 만들었다. 1804년에는 이메레티의 왕 솔로몬 2세가 러시아의 종주권을 받아들였다. 1806-1812년의 러시아-터키 전쟁 동안 러시아군은 포티Poti, 수쿰-칼레Sukhum-kale, 아칼카라키Akhalkalaki를 점령했다. 서부 조지아의 공후들도 오스만 제국의 보호보다 러시아의 보호를 선호했다. 1809년에는 압하제티가 러시아 밑에 들어왔고, 2년 뒤에는 구리아Guria도 러시아의 보호령이 되었다. 1828년 예레반의 이란 요새가 점령되면서 트랜스코카사스의 러시아의 종주권은 항구적으로 강화되었다. 조지아의 역사적 지역의 대부분과 동부 아르메니아는 로마노프 왕가의 수중에 들어왔고, 러시아 군대는 코카사스의 기독교도들과 남쪽의 이슬람교도 사이의 파수가 되었다.

러시아 짜르 알렉산드르 1세는 동부 조지아를 다섯 지방(uezd)으로 나누었다. 동부 조지아 지방의 행정은 자신이 직접 임명한 '최고행정책임자(glavnoupravliaushchii)'에게 맡겼지만 조지아 귀족들도 일정한 역할을 맡게 했다. 초대 '최고행정책임자'로는 칼 크노링Karl Knorring 장군이 임명되었다. 알렉산드르 1세는 "현지인이 맡은 모든 직책과 직무는 제거되어야 한다"라고 서면 지시를 내렸다. 러시아는 지방의 최고위직(mouravni)을 맡은 조지아 귀족 60명 중 상당수를 바로 교체했다. 2대 행정책임자로는 러시아에서 교육받은 조지아 귀족인 파벨 찌찌아노프Pavel Tsitsianov가 임명되었다. 그는 조지아 귀족들이 러시아 행정 관리로 들어올 수 있는 길을 넓게 열고, 1804년 5월 조지아 귀족들을 위한 학교를 설립하여 귀족들의 지지를 받았다. 그는 조지아 귀족 자녀들이 러시아의 사관학교에 입학할 수 있는 길을 열어놓았다. 그러나 그는 1806년 바쿠 외곽 지역에서 살해되어, 후임자로 이반 고두비치Ivan Goduvich 장군이 행정책임자로 내려왔다. 그는 지방 행정 기관의 모든 자리를 '능력 있는 러시아인들'로 채울 것이라고 선언했다. 이에 대한 귀족들의 항의를 묵살한 그는 조지아 귀족들을 조지아 농민들 사이의 분규를 조정하는 자리에만 앉혔다.

1820년대 말까지 트랜스코카사스의 지배권을 둘러싼 러시아-이란-터키 간의 경쟁이 계속되었기 때문에 군지휘관들이 계속 조지아의 행정을 맡았다. 고두비치 후임으로는 알렉세이 예르몰로프Alexei Ermolov, 그 다음으로는 이반 파스케비치Ivan Paskevich가 최고행정책임자가 되었다. 1860년대 중반까지도 북부 코카사스 산악지대의 부족들이 정복되지 않았기 때문에 러시아로서는 반세기 이상 이 지역에서 전투를 수행해야 했다. 1816년부터 1827년까지 최고행정책임자가 된 에르몰로프 장군은 나폴레옹을 패퇴시킨 보로디노Borodino 전투의 영웅이었다. 그는 조지아의 행정 책임을 맡는 동시에 이란과의 전쟁을 수행했다. 그는 다게스탄의 대부분 지역을 평정했고 쉬르반과 카라바흐를 점령했지만, 예레반 점령을 주저하면서 교체되었다. 후임자는 황제가 총애하는 이반 파스케비치 장군이었다. 에르몰로프가 조지아의 전통적 생활 방식과 러시아제국 모델 사이의 균형을 찾으려고 했다면, 파스케비치는 황제의 뜻을 따라 조지아를 좀 더 러시아 정부 체제에 통합시키기 위한 노력을 펼쳤다. 에르볼로프는 조지아의 사정을 잘 파악하기 위해 바흐탕 6세가 집대성한 조지아 법전을 러시아어로 번역하는 작업을 시작했는데, 후임자들은 조지아의 법적 전통과 관습에 대한 무지와 무신경을 드러냈다. 1829년 3월 투르크와의 전쟁을 위해 파스케비치가 6천 명의 조지아 병사 소집을 명령했을 때 아무도 이에 응하지 않았다. 조지아 남자들은 자신의 지방의 관리들(sardarebi)이 징집령을 내렸을 때만 징집에 응하는 전통을 파스케비치는 모르고 있었다. 지방 관리들이 나서자 부대 편성은 신속하게 이루어졌다. 파스케비치는 이러한 사건을 이 지역 전통과 관습을 존중해야 한다는 교훈으로 받아들이지 않고, 반대로 이러한 전통을 근절시켜야 한다고 생각했다. 러시아의 군사정부는 자의적 행정과 신뢰성 없는 행동으로 조지아인들의 존경을 받지 못했다. 1830년 현지를 시찰한 러시아 상원 귀족들은 "지방 행정 관리들은 법질서를 지키기보다는 위반하는 본을 많이 보여주고 있다."라고 보고했다. 만연한 부패와 러시아 하급 관리들의 전횡으로 조지아 주민들은 1801년 이전의 불완전하기는 했지만 자신들이 누렸던 자치와 독립을 그리워했다.

조지아의 귀족들도 동요하기는 마찬가지였다. 러시아 병합 이후 조지아 귀족들은 새로운 질서에 대해 두 가지 태도를 보였다. 첫 그룹은 러시아 행정체계 내에서 경력을 쌓기를 원했다. 또 다른 그룹은 자신의 영지에서 조용한 삶을 이어가기를 원했다. 좀 더 과격한 그룹은 새로운 질서에 순응하는 것을 거부하고 기회를 보아 러시아에 대항했다. 카케티 지역에서 1802년과 1812-1813년 귀족들이 주도한 반란이 일어났고, 1819-1820년에는 이메레티에서 반란이 일어났다.

1820년대에 귀족 출신들이 주류를 이루는 러시아 지배 체제에 반대하는 지식인 그룹이 처음으로 생겨났다. 당시의 낭만주의적 정치 경향도 이러한 움직임에 기여했다. 메테르니히 체제의 유럽에서 탄생한 혁명에의 동경은 1825년 러시아의 니콜라이 1세 즉위식에 맞춰 발생한 데카브리스트 반란으로 구현되었다.[1] 반란에 가담한 러시아 청년, 장교 약 30여명이 코카사스로 유형 보내졌다. 이들은 조지아 귀족들과 지식인들에게 지울 수 없는 큰 영향을 남겼다. 트빌리시의 조지아 귀족들과 러시아 장교들은 귀족원에 딸린 식당에서 자주 어울리며 외국 신문을 탐독했다. 1828년 7월 러시아 당국은 코카사스 지방의 최초의 러시아어 신문인 '티플리스 소식(Tiflisskie vedomosti)'의 발행을 허가했다. 이 신문의 발행 목적은 터키와 싸우는 러시아의 군사적 노력에 대한 지원과 열정을 불러일으키는 것이었으나, 신문의 편집장은 데카브리스트 멤버였던 바실리 수호루코브Vasilii Sukhorkov가 맡았다. 같은 시기에 짧은 기간 발행된 조지아어 신문 '티블리스 소식(tbilisis utskevani)'은 솔로몬 도디아쉬빌리Solomon Dodiashvili가 편집을 맡았다. 데카브리스트들은 이 두 신문을 모두 구독하며 신문에 직접 기고를 했다. 1829년 남부 지역 유형 중 트빌리시를 방문한 알렉산드르 푸쉬킨Aleksandr Pushkin은 친구인 수호루코프에게 "티블리스 소식은 고유한 성격을 가지고 있고, 진지하고도 유럽적인 관심사를 다룬 기사를 만날 수 있는 러시아의 유일한 신문이다"라고 썼다. 이 신문은 당국의 관영 신문이었지만 정치적 관심이 있는 조지아와 러시아 귀족들의 구심점이 되었다.

데카브리스트 반란 직후 왕정주의자인 에레클레 2세의 손자 오크

<1>역주: 데카브리스트 반란–개혁과 혁명 사상을 가진 러시아 청년 장교들이 1825년 12월 14일 일으킨 봉기. '데카브리스트(12월 당원)'들은 입헌군주제와 농노제 폐지 등 서부 유럽같이 자유주의사상을 실현하고자 했으나 거사 실행직전에 계획이 새어나감. 121명의 데카브리스트가 재판을 받았고, 이 중 5명이 처형당했으며, 31명이 감옥에 갇히고 나머지는 모두 시베리아로 유배당함

로피르Okropir 왕자와 디미트리이Dimitrii는 상트 페테르부르ㅋ와 모스크바의 조지아 학생들에게 조지아 독립의 필요성을 역설했다. 1829년 오크로피르가 트빌리시를 방문하자 조지아에 바그라트 왕조를 재건하기 위한 비밀결사가 조직되었다. 1830년의 프랑스 혁명과 1830-1831년 폴란드 봉기에 고무되어 비밀결사의 리더들은 반러시아운동을 전개하기로 하였으나 노선은 크게 둘로 갈렸다. 한 그룹은 조지아 '봉건' 왕조의 재건을 목표로 삼았고, 다른 그룹은 입헌공화국 체제를 선호했다. 그러나 두 그룹 모두 조지아 귀족들의 특권을 다시 찾아오는 데는 이견이 없었지만 농노 해방에 대한 계획은 없었다. 이들의 거사 계획은 간단하고 잔인했다. 러시아의 장교와 관리들을 무도회에 모두 초대해 이들 모두를 체포하거나 살해하는 것이었다. 거사가 성공하면 이란에 망명 중인 왕손 바토니쉬빌리Batonishvili가 돌아와 왕정을 복원하기로 되어있었다. 그러나 1832년 12월 10일, 계획된 거사일 열흘 전에 조직원의 밀고로 거사음모는 탄로 났고, 거사 가담자들은 모두 체포되었다. 모두 145명이 조사를 받았고, 18명은 재판에 회부되었다. 이중 10명은 사형 언도를 받았는데 나중에 유형형으로 감형되었다. 가담자의 대부분이 귀족이라서 관대한 처분을 받은 것이었다. 유형을 떠난 이들은 대부분 1830년 이전에 귀환했는데, 평민 신분이었던 도디아쉬빌리는 1836년 유형지에서 병사했다.

이 사건은 조지아 귀족들이 러시아 지배에 대해 얼마나 깊은 반감을 가지고 있었는지를 잘 나타내 주는 실례였다. 당시 행정책임을 맡고 있던 로젠Rozen과 러시아 행정 당국은 유화정책을 취했다. 로젠은 러시아 관리들이 조지아의 문화와 관습, 언어를 모르기 때문에 민심과 동떨어진 행정을 펼친다고 보고, 러시아 관리들 자녀들은 조지아어를 배우고, 조지아 귀족들은 러시아어를 배울 것을 촉구했다. 새로 러시아 짜르로 등극한 니콜라이 1세(재위 1825-1855년)는 조지아에서 반복되는 농민 소요와 게릴라전에 경각심을 갖고 강경파인 파벨 간Pavel Gan 남작으로 하여금 코카사스 문제를 관장하도록 했다. 로젠과 같이 현지 사정을 잘 아는 관리의 의견은 무시하고 간은 러시아 제도를 빠른 시간 안에 이식시키려 하였다. 간의 계획은 트랜스코카사스를 완전히 러시아의 행정조직으로 편입시키고, 러시아 법률과 언어를 공무에 쓰는 것이었다. 1840년 4월부터 시행된 간의 계획에 따라 많은 지역 주민들이 러시아어를 모르는 상태임에도 불구하고 정부 업무에서 조지아어 사용이 중지되었고, 당시 여러 지역에서 유일하게 존중되고 있던 바흐탕 6세의 법체계도 폐지되었다. 모든 관직은 러시아인들이 차지하였고, 조지아 지방관들은 모두 해임되었다. 조지아는 두 지역으로 나뉘어 카스피 주(Caspian oblast)와 조지아-이메레티 지방(Gruzino-Imeretinskaia guberniia)으로 분할되었다. 조지아-이메레티 지방은 조지아 전체와 러시아령 아르메니아, 이전의 간자 칸국(Ganja Khanate)의 영토를 모두 포괄했다. 이러한 인위적 행정 단위 설정은 민족적 경계선을 무시한 것이었다. 이러한 조치로 관리의 수는 두 배로 늘어났고, 정부 지출도 빠르게 증가하였다. 지역의 역사와 관습을 무시한 간의 개혁은 곧 역풍을 맞았다. 1841년 구리아 지방에서 반란이 일어나자 니콜라이 1세는 조사단을 파견했다. 조사 보고서에는 "간이 도입한 기관과 제도들은 러시아 지방 행정에서 그대로 옮겨온 것으로서, 러시아와는 완전히 다른 생각과 믿음, 관습, 생활 방식을 가시고 있는 지역 무민들의 수준에 도지히 맞지 않는다"라고 기록되었다. 간의 조치는 철폐되고, 바흐탕 6세 법률의 일부가 다시 시행되었으며, 조지아의 지방 장로들은 중요하지 않은 업무를 처리할 수 있는 권한을 갖게 되었다. 니콜라이 1세는 조지아의 관리를 전권을 가진 총독이 맡도록 하고, 첫 총독으로 미하일 보론초프Mikhail Vorontsov를 임명했다. 그는 전에 행정책임자였던 찌찌아노프 밑에서 일한 경험이 있어서 조지아 사정을 잘 알았고, 조지아인들의 친구로 존경받고 있었다.

보론초프는 9년간(1845-1854년) 코카사스 총독으로 일하면서 조지아 귀족들의 지원을 성공적으로 이끌어냈다. 조지아의 역사학자인 자파키쉬빌리Ivane Javakhishvili는 "보론초프공의 문화정책으로 이 지역의 최고 행정가에 대한 신뢰와 충성이 형성되었다."라고 평가했

▼미하일 보론초프

다. 조지아 지식인들은 새로운 정책에 고무되어 조지아인들의 문화적, 민족적 진보가 러시아 지배 하에서도 가능하다는 희망을 갖게 되었다. 보론초프가 목표한 것은 코카사스에서의 러시아의 지배에 대한 반대를 누그러뜨리고, 농노제가 러시아제국 전체에 중요한 논란거리로 부상하는 시기에 러시아 정부와 조지아 귀족들의 연대를 강화하는 것이었다. 간이 취한 무리한 개혁 조치들은 철폐되었다. 행정체계는 단순화되고 다시 현지인들이 관리직을 맡았다. 행정 축소로 여유가 생긴 재정

은 교육에 투자되었다. 1847년 조지아는 티플리스와 쿠타이시 지방 (guberniia)으로 분리되어 전체적 통합성은 상실했지만, 지역 엘리트들은 러시아체제에 순응적으로 통합되었다. 보론초프는 서부 조지아의 토호 귀족들의 지위도 보장해 주었다. 1837년 동부 조지아에서 귀족체제 해체 후 농민으로 전락한 귀족들의 고난을 방지하기 위해, 자신이 귀족임을 증명할 수 있는 시간을 주었고, 이를 증명하는 경우 귀족 지위를 보장하고 자신들의 토지의 일정 부분을 소유할 수 있게 했다.

보론초프공과 부인의 후원 아래 조지아 귀족 사회도 큰 변화를 겪었다. 조지아에 주둔하는 러시아 장교들과 조지아 귀족들은 새로 건설된 화려한 관저에서 자주 연회를 열며 적극적으로 교류했다. 조지아 귀족들은 이전까지의 페르시아식 관습과 복장을 버리고 유럽 궁정 문화를 적극 받아들였다. 15년 전 러시아 장교들을 살해하고 조지아를 러시아제국으로부터 해방시키려는 계획을 세웠던 조지아 귀족들은 보론초프 재임 기간 동안 짜르의 전제 정부와 화해를 이루었다. 조지아 귀족들의 지위와 사회적 역할은 보장되었고, 하급 귀족들도 공후와 교회의 간섭에서 벗어났다. 귀족층 전체가 유럽식 문화를 받아들이고, 군대와 행정에서 탁월한 성과를 내며 봉사하여 러시아제국 체계에 성공적으로 통합되었다. 1832년 음모의 가담자들조차도 유형에서 돌아온 후 러시아에 적극 협조하여 몇몇은 코카사스 행정을 총괄하는 총독위원회의 고위직에 올랐다.

보론초프는 1846년 티플리스에 첫 러시아 극장과 공공도서관을 지었다. 보론초프는 극장 준공이 지역 주민들이 공연 예술에 친숙하게 접근하도록 할 수 있을 뿐 아니라, 러시아어의 확신에도 기여할 것이라고 말했다. 지역의 문화 수준을 높이는 것은 현지에 주둔한 러시아 장교들이 덜 고압적 자세를 갖게 하는데도 이바지했다. 보론초프는 이태리 공연단들이 트빌리시의 초청을 받아들여 직접 와서 공연을 하는 것에 대해 크게 만족해했다. 지역 문화를 유럽화하는데 가장 큰 공헌을 한 것은 학교이다. 1840년대 말 3천 명의 학생이 공립학교에 등록하여 수학했다. 러시아어와 아르메니아어로 발행되는 정부의 공식 잡지 '카프카즈(Kavkaz, 코카사스의 러시아식 명칭)'와 '카프카즈 칼렌다(Kavkazskii kalendar)'도 1846년부터 발행되기 시작했다.

보론초프는 트랜스코카사스를 통하는 교역의 증대에도 큰 관심을 기울였다. 1831년부터 시행된 관세 제도가 러시아와 트랜스코카사스 및 이란과의 교역 쇠퇴의 가장 큰 원인이었고, 이로 인해 조지아를 통하기보다는 남쪽의 트레비존드를 통과하는 자유 무역이 발달했다. 보론초프는 러시아 전체에 자유 무역을 시행하는 것을 옹호하는 입장이었는데, 트랜스코카사스를 통해 상품들이 자유롭게 오가는 것은 "정치적 이익을 위해서도 우리에게 매우 중요하고, 이 지역에서의 영국과 러시아의 긴장을 완화하는데도 필요하다"라고 주장했다. 러시아 외무성은 이러한 조치에 찬성하는 입장이었지만, 관세 수입의 감소를 우려한 재무성은 반대 입장을 표명했다. 두 입장 간의 타협점이 찾아져서 1846년 12월 유럽 상품의 트랜스코카사스 자유 무역이 허용되었고 관세도 낮아졌다. 이러한 조치를 당시 상업의 주도권을 가지고 있었던 아르메니아인들은 크게 환영했으나, 트레비존드를 통하는 교역로는 이미 확고한 자리를 잡아서 이란과의 교역로 역할을 계속했다.

　1848년 민족주의 혁명이 유럽을 휩쓸자, 티플리스의 귀족들은 짜르에게 편지를 보내 "만일 서유럽을 뒤흔드는 소요가 러시아제국을 위협하면 자신들은 나라 밖으로 나가서라도 싸울 용의가 있다"고 충성을 맹세했다. 크림 반도에 전쟁의 위험이 고조되는 시기에도 조지아 귀족들은 러시아 깃발 아래 뭉쳤다. 1853년 11월 조지아-러시아 연합부대는 조지아 장군의 지휘아래 아할찌케Akhaltsikhe 인근에서 투르크군을 물리쳤다. 서부 조지아에서는 게릴라 부대를 형성하여 투르크군의 침입을 물리쳤고, 러시아군이 쿠타이시 방어를 위해 구리아에서 철병했을 때, 구리아의 농민들과 귀족들은 자경대를 만들어 게릴라전을 펼쳤다. 러시아가 크림 전쟁에서 패했지만, 트랜스코카사스에서의 성공적인 방어 전투와 민심의 지지로 러시아제국은 조지아를 그대로 보유할 수 있었다.

9장 농노 해방과 조지아

크리미아 전쟁에서의 러시아의 패배는 러시아 정부 내에서 개혁운
동을 촉진시켰고, 가장 시급한 문제로 농노해방이 떠올랐다. 국가에
의해 오랫동안 보장되어온 특권과 수입원을 잃을 위기에 처한 귀족
층의 반대에 부딪쳤지만, 우여곡절 끝에 1861년 2월 19일 러시아 황
제 알렉산드르 2세는 농노해방을 선언했다. 이 선언은 러시아 내에서
만 효력을 발휘하였고, 러시아 제국의 변경 지역에로의 확대 적용은
미결과제로 남았다. 1856년 8월 알렉산드르 2세는 자신의 오랜 친구
인 바랴찐스키Aleksandr Bariatinskii공을 코카사스 총독으로 임명했
다. 코카사스 전쟁의 영웅으로, 보론초프 밑에서 수석행정관을 맡았
던 바랴찐스키는 코카사스에 대한 원대한 꿈을 가지고 있었다. 그는
알렉산드르 2세에게 보고한 대로 "유럽이 러시아에 투사한 역할처럼
러시아는 세계에서 가장 발전된 문명을 만들고 보유한 국가로 아시아
가 따라야 할 모델이 되어야 하고, 코카사스의 식민 통치 모델이 러시
아 제국의 식민정책의 표본이 되어야 한다"고 생각했다. 그는 코카사
스에 정복자인 동시에 현대화추진자로 내려왔다. 바랴찐스키는 조지
아 귀족들의 열렬한 환영을 받았는데, 그는 농노제 문제에 조심스럽
게 접근했다. 먼저 조지아의 귀족 대표로 위원회를 구성하여 개혁을

위한 계획안을 만들어보도록 요청하는 등 조지아 귀족들의 의견을 경청하는 자세를 취했다.

농노·농민 문제의 해결은 1857년 사메그렐로Samegrelo에서 발생한 대규모 농민 반란으로 더욱 시급해졌다. 약 3천 명의 농민들이 지역 토호 노릇을 하고 있던 다디아니Dadiani 가문에 대해 반기를 들었다. 이들은 농노의 매매를 중지하고, 농민들도 재산을 소유할 권리를 인정하고, 농민과 지주 사이의 분쟁을 해결할 조정법원을 만들 것을 요구하였다. 러시아 행정 당국은 다디아니 가문의 독립적 권한을 박탈하고 더 이상의 조치를 취하지 않았다. 농민들이 계속 지주들을 공격하고 귀족들을 위해 일하는 것을 거부하자, 러시아 당국은 군대를 동원하여 반란을 진압하고 38명의 주동자를 체포하여 유형을 보냈다.

1861년 2월 농노해방령이 내려진 직후인 3월 5일, 러시아 정부의 '코카사스위원회'는 바랴친스키 총독에게 조지아의 개혁을 "신중하게" 추진하도록 훈령을 내렸다. 총독행정실은 귀족 대표들에게 정부의 의도를 설명하고, '트랜스코카사스 지주농민 개혁위원회(Transcaucasian Committee for the Reorganization of the Landlord Peasantry)'를 구성하고, 귀족들에게 각 지방별 위원회 대표를 선출한 후, 6개월 시한으로 개혁프로그램을 제시하도록 했다.

러시아가 조지아를 병합한 이후, 조지아 농민과 귀족, 국가의 관계는 새로운 러시아 체제에 적응하는 방향으로 바뀌었다. 왕정 시대에 존재했던 다양한 농민 계층은 단순화되었고, 조세와 공역 제도도 간단해졌다. 19세기 중반 농민들은 기본적으로 세 가지의 세금과 공역을 지주 귀족에게 제공했다. 첫째는 토지를 사용하는 내가토 수확물의 일부(gala 또는 kulukhi)를 바쳤고, 다음으로 귀족을 위한 노역(begara)을 제공했으며, 귀족 가사의 여러 일을 돕는 의무를 수행했다. 러시아 정부는 농민에 대한 지주의 지배권을 강화해 주고, 농민의 거주이전의 자유와 기타 권리를 축소하여 이전의 지주-농민의 가부장적 관계를 전형적인 부재지주와 농노의 관계로 바꾸었다. 당시 전제적 권한을 가진 대지주 가문도 있었지만, 21명 이하의 농노를 가진 소지주가 동부 조지아 전체 지주의 거의 절반을 차지하고 있었다. 트빌리시 지역에는 대지주와 소지주 중간의 경제력을 가진 중농 지주도 상당수 있었다. 이들은 유럽식의 생활 방식을 모방하느라 무리를 하여 부채를 지고 있는 경우도 많았다. 정부의 보호 밖에 있고, 농업 생산에 전적으로 수입을 의존하고 있던 소지주, 중농 지주들이 농노 해방에 특히 위협을 느꼈다.

귀족회의에 의뢰된 자체 개혁안을 책임진 것은 키피아니Dmitri Kipiani였다. 키피아니는 전통적인 귀족들의 권리와 책임을 고려하여, 농민에 대한 지배권을 상실하는 것에 대한 적절한 보상이 있어야 하며, 토지에 대한 소유권은 그대로 유지되어야 한다고 주장했다. 1863년 4월에 제출된 귀족회의의 최종 보고서에는 조지아 역사에 대한 그의 견해가 강하게 반영되었다. 러시아가 조지아를 합병할 때 조지아 왕가에 약속한 사항 중에는 조지아 귀족들의 권리 보장도 포함되어 있고, 특히 농민이 소유한 모든 것에 대해 완전한 관리권을 보장한 바흐탕 6세의 법률안이 존중되어야 한다고 주장했다. 조지아의 지주-농민 관계는 유럽의 영주제도와 같은 전통을 유지해 왔으며, 유럽과

다르게 조지아 귀족들은 결코 농민들을 농지에서 쫓아낸 적이 없다고 그는 설파했다. 지주는 농노와 토지 모두를 소유하고 있기 때문에 농민이 곤궁할 때 농민을 돕고, 농민은 농업생산물과 노동으로 지주에게 봉사해야 한다고도 주장했다.

농노해방에 대해 조지아 귀족들은 일치단결하여 반대했다. 1863년 가을 토론 과정이 끝나고, 여러 가지 제안들이 '트랜스코카사스 지주농민 개혁위원회'에 제출되었지만, 키피아니의 개혁안이 귀족들의 의견을 통합적으로 모은 대표적 제안이 되었다. 1863년 바랴찐스키가 건강과 개인적 사유로 코카사스 총독직을 사임하고, 후임으로 황제의 동생인 미하일 니콜라예비치Mikhail Nikolaevich 대공이 총독으로 부임하였다. 귀족회의의 제안을 접수한 미하일 대공은 조지아 귀족대표와 러시아 정부 대표로 구성된 위원회를 구성하여 개혁안을 심의하였는데, 1864년 3월 키피아니 개혁안과 성격이 크게 다른 대안을 내놓았다. 농민들이 토지에서 분리되어 유랑하는 농민노동자가 되는 것을 막아야 하기 때문에 농민들이 지주의 땅을 분할하여 할당받는 대신 그 대가를 지주에게 지불하는 것이 정부 개혁안의 핵심 내용이었다. 러시아 정부는 토지가 없는 농민들이 대규모로 생길 경우 "국가 조직에 지속적인 불안 요인"으로 작용할 것을 염려했다. 그러나 귀족들이 희망했던 것과 큰 거리가 있는 개혁안을 실행하는 것은 쉽지 않았다. 특히 조지아에서 지주 토지의 양도는 러시아에서보다 훨씬 힘든 과제였다. "조지아 귀족의 교육, 경제 수준은 러시아 귀족보다 훨씬 떨어지고", 농노가 경작하는 토지와 지주가 직접 영농하는 토지가 비교적 분명하게 구분된 러시아와 달리 조지아에서는 지주의 대부분의 토지를 농민들이 경작하고 있었다.

1864년 10월 13일 러시아 황제 알렉산드르 2세는 조지아의 농노해방령에 서명했다. 11월 8일 총독실에서 파견된 관리들이 트빌리시, 시그나기Sighnaghi, 고리, 텔라비에서 농노 해방 기념식을 거행했다. 며칠 후 농노해방 명령(ukaz)은 동부 조지아의 모든 교회에서 낭독되어 선포되었다. 미하일 대공은 서부 조지아도 같은 조치를 취하도록 명령을 내렸다. 동부 조지아와는 달리 귀족들의 의견을 모으고 건의 안을 받아들이는 과정이 많이 축소되어 모든 조치는 신속하게 이루어졌다.

농노해방령이 의미하는 것의 핵심은 영농 농민들이 귀족의 속박에서 벗어나 자유를 찾은 것이었다. 지주는 더 이상 농민을 사거나 팔고, 양도하거나 저당 잡힐 수 없었다. 농민들은 자신의 의사에 반해 다른 곳으로 이주되거나, 지주에 의해 유형 보내질 수 없게 되었다. 농민들은 지주의 허락을 얻지 않고 자유롭게 결혼할 수 있으며, 사업을 시작할 수 있고, 정부 기관에서 일하거나 교육을 받을 수 있었고, 도시민으로 신분을 바꿀 수도 있었다. 지주는 토지에 대한 법적 권한을 보유하는 대신, 지주 소유 토지는 두 부분으로 나뉘어 절반은 지주의 직접 소유가 되고, 나머지 절반은 농민들이 영농권을 갖는 할당농지(nadel)가 되었다. 농민은 이 토지의 영농 대가로 지주에게 공납을 바쳐야 했다. 농민은 자신의 집 주변의 토지를 살 수 있었고, 지주가 동의하는 경우 경작지를 사서 자신의 사적 소유로 만들 수도 있었다.

농노해방령이 시행된 후 농민들이 지주에게 바쳐야 하는 공납 금액은 크게 늘어났다. 가족경작지와 할당농토, 과수원, 낙농 목초지에 대해 각각 별도의 공납금과 공물을 내야 했다. 가족경작지에 대해서는 현금으로 지불했고, 나머지는 농작물로 공납을 대신했다. 농민들이 직접 경작하는 농토는 절반 정도로 줄어든 대신, 생산 농산물의 1/3 내지는 1/4 수준의 공납을 내야 했기 때문에 농민들의 경제적 부담은 농노해방령 이전보다 가중되었다. 또한 '할당농지'가 부족하여 농토를 받지 못한 농민들도 늘어났다. 또한 농민들이 지주에게 대가를 지불하고 농지를 사유화하는 과정도 러시아에서보다 느리게 진행되었다. 통계 자료에 의하면 1879년 약 14%의 러시아 농민들만이 아직 지주들에게 '예속'되어 있었던 것에 반해, 조지아는 그로부터 10년 뒤에도 약 70%의 농민들이 지주에게 예속되어 있었다.

조지아에서의 농노제 철폐를 시작하고, 개혁안을 만들고 이를 실행한 것은 러시아 정부와 총독청을 비롯한 러시아 행정기구였다. 농노해방은 조지아의 어떤 사회 계층도 만족시키지 못하였다. 전통적인 귀족–농민 관계는 많이 약화되었지만 근본적으로 변화하지는 않았다. 개혁 조치는 농민들에게는 경작지의 감소, 재정 부담의 증가를 가져왔고, 귀족들에게는 수입과 노역 서비스의 감소를 가져왔다. 이러한 변화는 이질적인 경제적, 사회적 관계를 조성하며 조지아의 농촌 경제를 침식하였다. 시간이 지나면서 농민들과 귀족들의 불만은 자신들의 이익을 좇아 조지아의 농촌 사회를 변화시키려고 한 러시아 정부를 향해 분출되었다.

10장 19세기 후반 문화 운동과 지식인 운동

조지아 정체성에 대한 자각과 도시화

19세기 후반 조지아의 민족운동의 발현은 서유럽의 민족운동과 몇 가지 다른 특징을 보여준다. 먼저 조지아에서는 기존 러시아 지배 체제에 대한 저항과 독립 의지 못지않게 체제에 대한 순응과 적응도 있었다. 조지아 민족성을 바탕으로 한 민족운동과 러시아와 아르메니아와의 민족적 차별이 러시아로부터 자유를 얻는 과정에서 가장 중요한 역할을 한 것은 아니다. 조지아가 당면한 문제에 대해 민족주의와 자유주의적 해결책 대신 사회주의 운동을 통한 해결이 더 선호되었다.

농노해방과 주로 아르메니아인들로 이루어진 도시 중산층의 부상, 더 이상 경제적 지배층 역할을 하지 못하게 된 조지아 귀족층의 반발은 성격이 다른 다양한 사회 운동을 이끌어 냈다. 그 중 가장 주요한 지향점은 서구지향적인 자유주의, 과거회귀적인 민족주의, 농민 사회주의, 마지막으로 마르크시즘이었다. 19세기 후반부 30여 년 동안 교육받은 탈계급지향 젊은 귀족들이 급진화된 농민들과 노동 계층에 대한 유일한 지도 그룹 역할을 했다. 조지아 인민들의 민족성과 고유한 민족 정체성은 다른 민족과의 끊임없는 대립과 접촉에 의해 형성되어졌다. 19세기에 도시 지역의 주류 거주민이었던 아르메니아인들과의 활발한 접촉은 조지아 자치 열망에 자극제 역할을 하였다. 일단 도시 지역으로 이주한 조지아인들이 다른 문화들과 접촉을 하며 '조지아적인 것(Georgianness)'이 더욱 확고하게 형성되었다. 19세기 후반에 트빌리시로 이주하는 조지아인들의 숫자는 눈에 띄게 늘어났다. 1803년 트빌리시 인구 중 아르메니아인이 차지하는 비율은 74.3%에 이르렀고, 조지아인 비율은 21.5%에 불과했다. 1897년 트빌리시에서 아르메니아인이 차지하는 비율은 38%로 줄어든 대신, 러시아인 인구 비율은 24.7%를 차지했다. 1865년부터 1897년까지의 기간 동안 트빌리시에 거주하는 조지아인, 아르메니아인, 러시아인의 절대수는 늘어났지만, 성장 속도는 서로 달랐다. 이 기간 동안 러시아인은 190% 증가하였고, 조지아인은 158%, 아르메니아인은 88% 증가했다. 1897년 트빌리시 거주 인구 절대수를 인종별로 보면 아르메니아인이 55,553명, 조지아인 38,357명, 러시아인이 36,113명이었다. 조지아 농민들의 도시 이주와 러시아 관리, 장교, 기술자들의 전입으로 인해 도시의 민족 구성 구조가 크게 변했고, 조지아인들이 주류를 이루는 노동계층의 지속적 증가를 가져왔다.

문화 운동과 지식인 운동

다른 식민 관계에서와 마찬가지로 조지아의 러시아 복속은 이익

(benefits)과 부담(burdens)을 동시에 가져왔고, 러시아 지배에 대한 ▲테렉강
조지아인들의 태도도 이중적이었다. 조지아 상류 사회의 제한된 일부
계층은 유럽 문명이 가져다주는 이익에 열광했다. 조지아의 학생들
은 유럽의 최근의 지적 발전을 접하기 위해 러시아로 유학을 갔다. 계
몽주의는 조지아의 과거를 지배했던 이슬람 문화의 영향을 벗어버리
고, 서유럽의 기독교 세계에 들어갈 수 있는 통로가 되었다. 이와 동시
에 러시아와 유럽과의 접촉은 조지아 고유문화에 대한 인식을 깨우는
역할을 할 수 있지만, 조지아가 러시아의 정치제도와 아르메니아 중

산층이 도입한 생소한 가치에 지배당할 수도 있다는 공포심도 일어났다. '유럽화'와 '러시아화'에 대한 이러한 이중적 태도는 19세기 후반부터 20세기 초까지 조지아 지식인 사회를 지배하는 특징이 되었다.

근대적이고 세속적인 조지아 민족 문화의 탄생을 단순히 여러 가지 문화적, 정치적 조류가 혼합되어 형성된 것으로 보아서는 안된다. 역사적 관점에서 보면 민족 언어와 역사적 과거에 대한 민중의 관심을 일깨우고, 새로 형성된 민족 개념에 민중들이 감성적으로 열광하도록 동원한 지식인과 정치활동가의 상상적 노력의 결과로 조지아의 민족의식이 형성되었다. 그러나 민족의식의 발전은 전체적인 사회 진보의 한 부분이므로 이를 단순히 인텔리겐치아의 역사로만 환원하는 것은 옳지 않다. 지식인과 예술인들의 문화적 개혁은 세속적 민족 문화 발달에 핵심적 역할을 하지만, 프랑스 혁명과 산업 혁명 후 민족성(ethnicities)에 대한 의식이 중요해지면서 민족 운동은 더욱 효과적으로 진행되었다.

조지아 인텔리겐치아의 초기 그룹은 귀족 동료들과 함께 러시아 행정이 가져다주는 이익을 공유하고 있던 소수의 귀족 출신 작가들이었다. 이들은 문학 살롱에 모여 자신들의 작품을 낭독하거나 시사적 주제에 대한 토론을 나누었다. 보론초프 총독 시대에 조지아인들에 대한 교육 기회가 확대되면서 학교 교육의 혜택을 받는 귀족 자녀들이나 기타 다른 사회계급 자녀들의 수가 급격히 늘어났다. 코카사스 지역에서 중등교육을 마친 이들은 러시아 대학에서 교육을 계속 받기를 원했다. 이러한 조지아 지식인 사회의 초기 그룹은 '테르그달레우니(tergdaleuni, 러시아와 조지아의 경계를 이루는 테렉Terek 강물을 마시는 사람이라는 뜻)'으로 불렸다.

1860년대 상트 페테르부르그에서 수학하던 약 30여 명의 조지아 학생들은 러시아 학생들과 떨어져 생활했다. 당시 비러시아계 학생들은 '동향회(zemliachestvo)'라는 조직을 만들기 시작했는데, 조지아 학생들은 범코카사스(pan-Caucasian) 동향회 조직을 구성해야 한다는 생각을 가지고 있었다. 조지아, 아르메니아, 러시아, 레즈긴(Lezgin) 학생들은 독자적 조직을 만들되 상호 긴밀한 연대를 해야 한다는 조지아 젊은 작가인 차브차바제Ilia Chavchavadze(1837-1907년)의 주장은 많은 학생들의 호응을 받았다. 조지아 학생 조직은 초기에는 비교적 고립되어 있었지만 1861년 여름 이후 러시아와 폴란드 학생들의 급진적 경향은 일부 조지아 학생들에게 영향을 미치기 시작했다. 이태리와 헝가리의 해방 운동에 영향을 받은 일부 학생들은 가리발디의 머리 모양을 본따기도 했다. 조지아 학생들 중 가장 열정적이고 정치적으로 활발한 활동을 펼친 것은 니코 니콜라제Niko Nikoladze(1843-1928년)였다. 또한 러시아의 급진 사상가인 체르니솁스키Nikolai Chernyshevskii와 도브로류보프Nikolai Dobroliubov의 영향을 강하게 받은 쩨레텔리Akaki Tsereteli도 조지아 학생 그룹의 리더였다. 상트 페테르부르그의 급진적 학생 운동에 참여하거나 이를 가까이서 관찰한 뒤 조지아로 돌아온 젊은 지식인들은 조지아의 상황에 크게 낙담했다. 그러나 이들은 정치, 경제 개혁 운동에 힘을 쏟는 대신, 문화, 교육, 언론과 문학 활동에 노력을 기울였다.

당시에 영향력이 가장 큰 잡지로는 '여명(tsiskari)'을 꼽을 수 있다.

1853년부터 1856년까지 희곡 작가 에리스타비Griogi Eristavi에 의해 발간된 이 잡지는 일시 정간되었다가 1857년부터 케레셀리제Ivne Kereselidze가 편집을 맡으면서 재간되어 1875년까지 발행되었다. 이 잡지를 통해 젊은 조지아 작가들은 농노 문제 등 당대의 문제에 대한 논쟁을 전개했다. 그러나 이 잡지는 소위 '선조(fathers)' 세대의 보수적 견해를 많이 반영했고, 언어도 중세 교회 조지아어(sashualo)에 바탕을 둔 문어형을 사용했다. 차브차바제가 이끄는 젊은 세대는 조지아어의 구어형(dabali)을 써서 산문과 시를 발표했다. 1861년 차브차바제가 번역가 코즐로프Kozlov의 '미친 여자'에 대한 혹독한 비평을 제기하면서 이 두 파 사이의 논쟁이 격화되었다. '여명'의 편집을 맡고 있던 보수 기성세대가 젊은 작가들을 비난하자, 이들은 '조지아 헤럴드(sakartvelos moambe)'라는 잡지를 창간하였다. 차브차바제가 편집을 맡은 이 잡지는 1년 동안만 발행되었지만 큰 영향력을 남겼다. 당시 러시아 감옥에 투옥되어 있었던 체르니셉스키의 사상은 조지아의 젊은 지식인들에게 큰 영향을 남겼다. 그러나 이들의 정치 개혁과 짜르 체제에 대한 혁명적 저항 사상은 러시아군대가 1863년의 폴란드 혁명을 진압하면서 날개가 꺾였고, 그 후 약 10년 동안 체제 개혁에 대한 비관적 회의가 지배했다. 젊은 시절부터 시인으로 활동해 온 차브차바제는 민속학에 관심을 갖기 시작하여, 조지아어의 각종 방언과 민중 시가와 음악을 수집하고 연구했다. 그러나 그는 조지아 귀족은행(Georgian Bank of Nobles)의 운영에 헌신하며 조지아의 문맹퇴치 운동에 힘을 쏟는 등 기본적으로 보수주의적 노선을 크게 이탈하지는 않았다. '2세대(meore dasi)'라고 불리는 좀 더 개혁 성향이 강한 젊은 지식인들은 트빌리시에서 '시간(droeba)'이라는 신문을 창간했다. 이들은 도시민들의 계몽 운동에 집중하며 유럽에서 진행되는 새로운 경제, 정치 상황에 주의를 기울였다. 이들은 당시 도시 지역을 장악하고 있는 러시아인이나 아르메니아인들과의 경쟁에서 조지아인들이 뒤처지지 않게 노력했다.

1875년 가을 니콜라제가 오랜 기간 동안의 유럽 유학 생활을 마치고 조지아로 돌아와서 활발한 기고 활동을 전개했다. 니콜라제는 귀족들로부터 자금을 모아 은행을 창설하고, 차브차바제를 은행장으로 초빙했다. 그러나 두 사람은 은행의 운영과 수익금 사용 방법을 놓고 큰 의견 차이를 보여 곧 결별했다. 니콜라제는 은행 수익금을 농업 개혁과 농업 기술 향상을 위해 쓰기를 원한 반면, 차브차바제는 학교 설립이나 문화 기관 창설에 쓰기를 원했다. 은행 운영 방안을 둘러싼 논쟁은 조지아 귀족 사회를 양분시켜서 차브차바제는 '시간'의 편집진을 사임하고 자신의 신문 '이베리아(Iveria, 1877-1906년)'를 창간했다.

한때 통합적 움직임을 보였던 조지아 지식인 사회는 1870년대 크게 세 그룹으로 분리되어 19세기 말까지 그 방향이 지속되었다. 차브차바제로 대표되는 조지아 귀족 사회에 대한 복고적 민족주의가 우파를 이루었고, 중도 진영에는 니콜라제가 이끄는 자유주의적 개혁파가 자리 잡았다. 좌파 쪽으로는 러시아 민중주의와 마르크시즘에 영향을 받은 혁명적 그룹이 있었다. 차브차바제, 쩨레텔리가 이끄는 우파 그룹은 조지아 내에서 귀족과 농민들이 서로 대립하지 않고 조화롭게 살아야 한다는 조지아 귀족의 전통적 이념을 신봉했다. 그가 보기에 사회주의적 사상은 두 계층 사이에 존재해 온 가교를 끊어버리는 작용을 하므로 조지아에 맞지 않았다. 차브차바제의 사회, 경제 개혁 프로그램은 조지아를 농업 사회로 보존하는 것을 기본 목표로 삼았다. 농민들은 궁극적으로는 농지를 소유해야 하지만, 현 시점에서는 귀족 지주들에게 생산물의 1/4 세납을 하면서 경작권을 갖는 것이 합리적인 절충안이었다. 문화적으로는 조지아 전통과 언어의 쇠퇴와 파괴를 막는 것이 중요했다. 1879년 '조지아 문맹퇴치협회'가 결성되어 활발한 활동을 전개했고, 같은 해 첫 상설 연극단이 창설되었다. 1885년에는 조지아 민요공연단이 창설되었고, 첫 공연이 1886년 트빌리시에서 열렸다. 1880년대에는 카스베기Aleksandre Qazbegi(1848-1893년)와 바자-프샤벨라Vazha-Pshavela(1861-1915년) 같은 신낭만주의 작가들이 나타나서 새로운 작품들을 발표했다.

니콜라제로 대표되는 자유주의자들은 서유럽의 발전과 자본주의의 성공을 개혁의 바탕으로 삼고자 했다. 이들은 혁명을 반대하고 정부의 개혁 프로그램을 신뢰했다. 이들은 관료주의적 전제정치는 비판했지만, 러시아 지배 체제를 반대하지는 않았다. 이들은 국수주의를 배격하고, 코카사스의 민족들 사이의 협동을 강조했다. 니콜라제가 보기에 조지아 귀족들은 더 이상 사회 발전 과정에서 담당할 역할이 없었다. 젊은이들은 지방 정부와 상업 활동에 적극 투신하여 사회를 발전시킬 수 있는 실용적 지식을 쌓아야한다고 역설했다. 1870년대에 러시아의 모순적인 계몽주의에 환멸을 느낀 일부 젊은이들이 민중주의(populism)에 관심을 보이기 시작했다. 이미 1865년 러시아 신문 '콜로콜(Kolokol)'은 '젊은 그루지야(Molodaia Gruziia)', '젊은 아르메니아(Molodaia Armeniia)'라는 비밀 결사에 가입한 학생 몇 명이 체포되었다는 소식을 실었다. 1869년에는 트빌리시에 비밀도서관이 세워지고, 신학교 교수였던 고게가쉬빌리Gogegashvili 집을 아지트로 삼아 신학생들이 정치와 예술에 대해 토의했다. 이들은 러시아 민중주의자들의 급진적 정치사상으로부터 큰 영향을 받았고, 조지아 민중들에 대한 책임을 강하게 느꼈다. '애국자'로 불린 민중주의자들 중 가장 급진적인 그룹은 1870년대 러시아의 혁명 그룹의 노선에 전적으로 동감하였다. 이들은 러시아의 민중주의에 헌신하는 것과 조지아의 해방이라는 목표 사이에 아무런 갈등을 느끼지 않았다. 이들은 '조지아는 러시아에 속박되어 있으므로, 조지아 인민들은 러시아의 정치 체제가 전복되어야 해방될 수 있다'고 생각했다. 이들은 트빌리시와 쿠타이시에 조직을 결성하고, 러시아에서 농민 선동용으로 제작된 팜플렛을 받아 배포하였고, 러시아의 혁명 지하 신문인 '전진(Vpered)', '노동자(Rabochii, Worker)' 등을 배포하였다. 1876년 혁명주의자들에 대한 체포가 시작되자 이들의 활동은 위축되었다.

1880년대에는 평민들로 구성된 민중주의자 그룹이 나타났다. 이들은 도시의 학생들과 수공업 노동자들을 대상으로 혁명 사상을 전파했다. 트빌리시 신학원은 이들 활동의 근거지 역할을 했다. 이들은 러시아의 혁명 그룹 '인민의 의지(Narodnaia volia)'와 민중주의 그룹 중 테러주의자들과 밀접한 연계를 가졌다. 이들은 1881년부터 1883년까지 신문 '희망(imedi)'과 '노동(shroma)'을 트빌리시와 쿠타이시에서 각각 발행하며 급진적 사상을 전파했다.

자유주의자들과 민중주의자들 모두 조지아의 경제, 사회적 문제에 집중하기는 했지만, 잠재적 민족적 갈등에 대해서는 큰 주의를 기울

이지 않았다. 농노해방을 계기로 한 소위 '대개혁'정책에 대한 기대가
실망으로 끝나고, 사회적 불만족으로 인한 적대감이 인종적 갈등과
결합되면서 정치적 폭발의 가능성이 높아갔다. 지배적 지위를 잃은
조지아 귀족들과 여러 계층의 조지아인 모두 자신들의 어려움을 도시
를 장악한 아르메니아인들과 러시아 관리들 탓으로 돌리는 경향이 강
해졌다. 특히 트빌리시 시의회(Duma)에서 조지아 대표 그룹과 아르
메니아 대표 그룹의 갈등은 커졌다. 1890년대 러시아의 국수주의가
강화되며 조지아 민족 운동과 충돌하게 되자, 러시아 관리들은 이를
압제하는 한편, 아르메니아인들에게로 불만이 돌아가도록 유도했다.

1890년대 초반 조지아 사회는 시장 경제 체제와 초기 산업화의 길
목에 들어섰지만, 1880년대의 사상적 노선인 자유주의, 민중주의, 귀
족적 민족주의 중 어느 것도 조지아가 당면한 어려움으로부터 인민들
을 해방시키는 출구를 제시하지 못했다. 귀족성이 강한 조지아 민족

주의는 너무 좁은 범위에서만 문제를 해결하려 하였고, 전통적 지주 계층 귀족들이 민중들에게 효과적으로 다가갈 수 있는 길을 제시하지 못했다. 민중주의도 농민들이 공동의 재산적 기반을 가지고 있지 않은 조지아 농촌에서는 제대로 힘을 발휘하지 못하고, 도시 지역의 소수의 급진적 지식인들에게만 인기가 있었다. 아르메니아인들과 인텔리겐치아라는 제한된 범위의 사회적 지지 기반을 가진 자유주의도 큰 힘을 쓰지 못했다. 노동자들에게 광범위한 지지를 받고, 민족 투쟁과 사회 투쟁을 결합한 새로운 사상 노선이 기존의 정치 노선들이 큰 영향을 발휘하지 못하는 진공 상태를 채웠다.

마르크시즘과 민족 투쟁

1890년대 초반 러시아에서 수학한 몇 명의 지식인들이 조지아로 돌아왔다. 당시 러시아령이었던 바르샤바에 수학하면서 마르크시즘에 심취한 조르다니야Noe Zordaniia(1868-1953년), 마카라제Pilipe Makharadze(1868-1941년)를 비롯한 몇 명의 학생들은 트빌리시에 마르크시스트 운동의 씨앗을 뿌렸다. 이들은 전제 체제를 전복하고, 궁극적으로 사회주의에 도달하는 사회의 민주적 발전의 길을 여는 것을 목표로 하였다. 20세기로 들어오며 마르크시즘은 트빌리시, 바투미, 쿠타이시를 비롯한 여러 지역의 노동자들과 서부 조지아 농부들에게 정치적 전략을 제공하였다. 1905

년에는 러시아 사회혁명당의 멘셰비키파와 연계된 마르크시스트들이 대중적 민족해방 운동의 지도자 역할을 하게 되었고, 그 영향력은 러시아 제국 다른 어느 지역에서 볼 수 없을 정도로 컸다.

처음에는 조지아의 지식인들에게 다음으로는 노동자들에게 퍼진 마르크시즘은 당시 조지아가 당면하고 있던 문제에 대한 정확한 분석과 이에 맞는 해결책을 제공할 수 있는 것처럼 보였기 때문에 급속히 영향력이 커졌다. 비록 도시 지역에서 상대적 인구 비율은 늘어났지만, 아르메니아인과 러시아인에 비해 조지아인들은 경제적으로 사회의 중하층민을 구성하며 생활했고, 정치 분야에서의 영향력도 미미했다. 조지아 귀족들이 내세운 민족주의는 농민이나 도시 지역 노동자들에게 호소력이 전혀 없었다. 마르크스주의자들이 보기에 러시아의 전제 체제와 아르메니아인들의 부르주아 산업화를 제거해야 조지아는 조지아인들의 손에 다시 들어올 수 있었다. 이를 위해서는 첫 단계로 정치 혁명이 필요했고, 다음으로 사회 혁명이 진행되어야 했다. 아르메니아 부르주아와 언어, 문화, 재력, 권력에서 분리되어 있던 조지아 노동계급에게 마르크시즘은 초민족적 호소력을 가지고 있었다. 마르크시즘은 자본가의 착취와 외국의 지배의 문제점을 적나라하게 노출하며, 계급투쟁에 바탕을 둔 민족 해방 운동만이 이러한 것을 전복시킬 수 있다고 주장했다.

농노해방 이후에도 조지아 농촌은 어려운 상황에서 벗어나지 못하고 있었다. 1866년 전체 인구에서 농촌 인구가 차지하는 비율은 82%나 되었다. 그러나 인구 증가에도 불구하고 '할당농지'가 절대적으로 부족하여 농민 중 약 21%만 자신의 농지를 소유하고 있었다. 인구 증가와 농지 부족 외에도 갈수록 가중되는 세납 부담도 농민들을 압박했다. 1843년부터 1897년 사이 기간 동안 세납액은 2.5배 정도 늘었고, 쿠타이시 같은 지역은 다섯 배가 증가했다.

▲주가쉬빌리(스탈린)

1890년대 후반 트빌리시에 마르크시즘과 연계된 노동자 써클이 탄생하기 시작했다. 1897년 조르다니야가 유럽에서 귀국하자, 사회혁명당의 활동은 크게 강화되었다. 젊은 활동가들은 비합법적 지하투쟁을 선호한 반면, 조르다니아를 포함한 기성 그룹은 언론 등을 통한 합법적 활동을 지속할 것을 주장했다. 1899년 러시아 '사회민주노동당(Russian Social Democratic Workers' Party)'의 트빌리시 위원회가 결성되었다. 이 위원회의 목표는 다양한 마르크시스트 그룹의 활동을 통합하고 조정하는 것이었다. 노동자들의 파업도 격화되었다. 1870년부터 1900년까지 총 12번의 파업이 일어난데 반해, 1990년에만 12개 공장과 기업에서 19번의 파업이 일어났다. 조지아의 노동 운동의 중심지는 트빌리시 철도노동자 조직이었다. 1880년대부터 간헐적으로 파업이 일어났지만, 1900년 여름 발생한 파업은 그 규모가 달랐다. 철도노동자들이 요구한 일련의 요구 사항이 철도청에 의해 거부당하자, 8월 1일 약 500명의 철도노동자가 파업을 벌였고, 이중 300명이 체포되었다. 이렇게 되자 2,000명의 동료들이 철도청 건물 앞에서 자신들도 체포하라고 요구하며 시위를 벌였다. 다른 산업 부문의 노동자들도 파업에 동참하여 약 5,000명의 노동자들이 파업을 일으켰다.

1901년 말이 되자 사회민주당원(볼셰비키)들은 트빌리시뿐만 아니라 바쿠의 노동자 사회에도 깊이 침투했다. 바투미에서는 주가쉬빌리(Jugashvili, 후에 스탈린으로 개칭)가 정유공장 노동자들을 조직하기 시작했다. 1901년의 흉작은 농촌 지역에 사회민주당 활동가들이 침투할 수 있는 계기를 마련해 주었다. 처음에는 경제적 문제만이 부각되었는데 군대와 경찰이 지주의 편에 서서 간섭을 시작하면서 농민 운동은 러시아 정부와 지주들에게 대항하는 정치적 투쟁으로 변모했다. 마르크시스트 활동가들은 농촌에 10명으로 구성되는 세포조직(cell)을 구성하고, 이 조직은 상위 세포조직의 지휘를 맡도록 했다. 구리야 지방은 이런 세포조직이 사실상 지방 행정을 이끌어 나갔다. 이러한 농촌 지역의 조직의 성공은 농민들을 혁명 운동에 포함시키는 것을 꺼려했던 젊은 혁명가들의 생각을 바꾸게 했다. 조지아의 사회민주당의 활동은 민족노동운동과의 밀접한 유대와 농민 조직의 성공으로 큰 주목을 받았다. 경쟁할만한 대안적 민중운동이 존재하지 않는 상황에서 젊은 마르크시스트들은 경제적 불만과 인종적 갈등을 잘 활용하여 자신들의 조직 강화에 이용하였다.

1903년 사회민주당 대회에서 볼셰비키파와 멘셰비키파가 갈라지자, 조지아의 마르크시스트 지도자들도 두 파로 나뉘었다. 크누니안쯔Knuniants와 주라보프Zurabov는 볼셰비키 편을 들었고, 토포리제Topolidze와 조르다니아는 멘셰비키 편을 들었다. 조지아의 사회민주당원들은 지방위원회의 선출 방식을 놓고 대립하였는데, 조르다니아의 활동으로 멘셰비키가 우위를 잡을 수 있었다. 트빌리시와 미투미는 멘셰비키파가 주도하였고, 바투 지역만 볼셰비키가 장악하였다.

짜르 지배의 종말

1901년 조지아 귀족들과 러시아 정부 관료들, 아르메니아계 거상들은 러시아 합병 100주년을 기념하는 성대한 연회를 개회하였다. 그러나 조지아의 노동자들과 농민들은 짜르 체제에 대한 저항을 강화하고 있었다. 1905년 1월 9일 페트로그라드(상트 페테르부르그)의 유혈사태의 소식이 전해지자 조지아에서도 파업과 시위가 확산되었다. 1월 18일 철도노동자가 파업을 일으키자, 인쇄노동자와 연초공장 노동자도 파업에 동조했다. 바투미에서는 사회민주당원들이 총파업을 선언하였고, 수쿠미Sukhumi, 쿠타이시, 치아투라Chiatura와 포티에서도 대규모 파업과 시위가 뒤따랐다. 시위는 점점 더 격렬해져서 폭력이 확산되었고, 짜르 정부의 진압도 더욱 강압적이 되었다. 구리야에서는 농민 반란이 격화되어 정부 관리들을 쫓아내고 농민들이 사실상 자치 제도를 실시하는 상황에 도달했다. 1905년 8월 짜르 니콜라이 2세가 대의제를 수용하여 두마를 설치하는 등 많은 양보 조치를 취하였지만, 시위와 파업은 수그러들지 않았고, 정부는 군대를 동원할 수밖에 없었다. 6월 말 조지아의 시위가 격화되자 정부는 계엄령을 선포하고 모든 집회를 금지시켰다. 8월 25일 사회민주당원들이 이끄는 약 2천 명의 시위대가 두마가 열리고 있는 건물로 진입하자, 두마 의원들은 회의장을 떠났고 시위대는 자체 회의를 즉석에서 진행하였다. 이 때 코자크부대가 난입하여 시위대에 발포를 하여 약 60명이 사망하고, 200여명이 부상을 입는 참극이 일어났다. 조지아판 '피의 일요일'로 불리는 이 사건으로 두마 의원 전원이 사임하고, 트빌리시 시장은 파면되었다. 10월 전러시아 철도 파업이 선언되자, 트빌리시의 사회민주당원들도 10월 15일 총파업을 선언하고 계엄령의 해제와 농촌 소요 지역에서의 군대의 철수를 요구하였다. 바투미의 노동자들도 총파업을 벌였고, 구리야의 농민들은 자체 무장을 하고 외부 지역과의 통신을 차단하였다. 10월 17일 니콜라이 2세가 소위 '10월 선언'을 발표하여 두마 선거를 비롯한 많은 개혁 조치를 내놓자 격화되던 혼란은 다소 진정되었다. 11월 중순에 열린 당대회에서 사회민주당원들은 정부 업무에 대한 보이콧을 중지하기로 결정하였다. 그러나 11월 27일 페트로그라드에서 소비에트 간부들이 체포되자 무장 봉기와 시위가 모스크바, 폴란드, 남부 우크라이나 등 여러 지역에서 동시 다발로 일어났다. 조지아에서는 12월 10일 총파업이 선언되고 노동자들과 군대의 유혈 충돌이 시작되었다. 짜르 군대는 노동자 거주 지역을 공격하였다. 구리야 지방에서는 군인들이 무장해제 당하고 정부 관리들이 추방당했다. 철도가 시위대에 장악되면서 조지아와 외부 지역의 교통도 차단되었다.

12월 말 모스크바의 소요가 짜르 군대에 의해 강제 진압되면서 혁명적 기운은 급격히 가라앉았다. 그러나 12월 26일 조르다니아의 지시에 의해 파업위원회는 코자크부대 진영에 폭탄을 설치하여 폭발시켰다. 코자크부대는 보복으로 사회민주당의 인쇄소 건물을 폭파시켜

건물 안에 있던 사람들을 몰살시켰다. 사회민주당의 폭파 명령에 경악한 일부 정파들이 파업위원회를 이탈했고, 총파업은 12월 29일 끝났다. 이때부터 짜르 군대가 주도권을 잡기 시작하여 1월 말에는 조지아의 농민 반란을 진압하고, 도시 지역도 정부 기관들이 다시 장악하기 시작하였다. 군사적 전술을 쓰는 혁명당원들은 대중 운동에서 배제되고, 반정부 운동도 온건하고 합법적 노선을 취하기 시작했다. 두마와 언론이 개혁 운동을 주도하는 가운데, 테러를 신봉하는 그룹들에 의한 유혈 사태가 간헐적으로 발생했지만 비교적 평온한 상태가 1914년까지 지속되었다.

1914년 8월 초 1차 세계대전이 발생하자 트랜스코카사스 지역은 전선 지역이 되었다. 터키군의 침공 위협에 직면한 각 민족 그룹의 반응은 제각각이었다. 터키에 대해 가장 큰 위협을 느낀 것은 아르메니아계 주민들이었다. 아르메니아인들은 즉각 트빌리시에 아르메니아 민족회의를 구성하고 전쟁에 대비했다. 이들은 터키 치하에 있는 아르메니아 형제들을 구할 절호의 기회가 왔다고 보고 전쟁을 환영했다. 반대로 조지아인들과 아제르바이잔인들은 전쟁에 반대했다. 당시의 트빌리시 시장은 "조지아인들은 전쟁에서 얻을 것이 없다고 보았다. 대신에 조지아 내의 이슬람 인종이고 친터키 성향의 아자르인들(Ajarians)이 분란을 일으킬 가능성을 염려했다. 아제르바이잔인들은 전쟁으로 인해 터키가 약해질 것을 염려한다. 오직 아르메니아인들만이 전쟁을 원하고 있다."고 중앙에 보고했다.
조지아의 사회민주당원들은 러시아 정부의 전쟁 노력을 지원하지 않았다. 이들은 두마에 있는 동료들과 마찬가지로 전쟁 수행에 적극 협조하는 것을 거부했다. 이들의 이런 중립적 태도는 이들이 코카사스에서 활동하는데 큰 자유를 주었다. 오히려 러시아 정부가 염려한 것은 해외에 있는 많지 않은 조지아인들이었다. 이들은 독일의 편을 들며 조지아의 독립을 꾀하고 있었다. 1914년 말 엔베르 파샤Enver Pasha가 이끄는 터키군이 트랜스코카사스 남부 지방으로 진격하자, 러시아군이 곧 철수할 것이라는 소문이 돌았다. 민족주의자들과 일부 사회민주당원들은 조지아 정부를 구성해야 한다고 주장했으나, 사회민주당 세력의 리더인 조르다니야는 러시아와의 관계를 끊는 것은 위험하다며 신중한 판단을 요구했다.

4부 혁명기와
소련 시대의
조지아

11장 혁명기의 조지아

혁명의 발발과 볼셰비키의 정권 장악

1917년 페트로그라드에서 2월 혁명이 발생하여 짜르 정권이 무너지고 임시정부가 출현하자 그 여파는 바로 코카사스에 미쳤다. 코카사스에서는 중앙 정부에서와 마찬가지로 소위 '이중권력(dvoevlastie)' 체제가 형성되었다. 임시정부가 코카사스를 관할하는 지역 행정기구(Ozakom, Osovyi Zakavkazskii Komitet)를 지명하기 전에 트빌리시와 바쿠의 노동자들은 스스로 지역 소비에트 대표들을 선출했다. 초기에는 병사들도 별도의 소비에트를 구성했고, 시 두마도 잠시 운영되었지만 곧 조르다니야가 이끄는 사회민주당원들이 소비에트를 장악했다. 러시아 중앙 정부의 혼란한 권력 투쟁 상황과 달리 노동자 소비에트는 지방 정부나 중산층과 큰 갈등 없이 권력을 장악했다. 다양한 사회, 정치 그룹의 대표들이 모인 트빌리시 집행위원회는 소비에트의 영향 아래 들어갔다. 소비에트를 이끌고 있었던 조르다니야는 노동 계층과 혁명적 군대, 진보적 부르주아 세 세력이 혁명을 이끌어야 한다고 주장했다. 그러나 인종적으로 혼합된 당시 트빌리시 상황에서는 이 세 사회세력은 각기 다른 세 민족으로 구성된

세 사회 계층을 의미했다. 또한 이 세 세력은 각기 다른 정당과 연계되어 있었다. 노동자들은 대부분이 조지아인들이었고 멘셰비키였다. 병사들은 러시아 농민 출신들이 주류를 이루었고 사회혁명당(Party of Socialists Revolutionaries)의 지지를 받고 있었다. 소위 '진보적 부르주아'는 아르메니아인들이 주류를 이루었고 입헌민주주의자들(Kadets)과 연계가 밀접했다. 페트로그라드에서 혁명 정당 사이의 연합전선이 붕괴되고 권력투쟁이 심화되자 조지아도 그 영향을 받았다. 1917년 6월 즉각적인 1차 대전의 종식을 주장한 볼셰비키가 멘셰비키와 결별하자 트빌리시의 볼셰비키도 독자적으로 병사들을 선동하기 시작했다. 6월 소위 '케렌스키 대공세'가 시작되고, 트빌리시 소비에트가 이를 지지하는 결의안을 통과시키자, 6월 24일 약 4천 명의 병사들이 시내 알렉산드르 공원에 모여 즉각적인 종전을 요구하는 시위를 벌였다. 그러나 7월 볼셰비키의 지원을 받은 부대들의 반란이 진압되고 케렌스키가 다시 연정을 구성하는데 성공하자 트빌리시의 볼셰비키는 일시적으로 영향력을 상실하였다. 트빌리시 소비에트는 페트로그라드의 연정 지지를 선언하고, 좌익으로부터의 위협을 반대하는 결의안을 통과시켰다.

10월 25일(구력) 발생한 소위 '10월 혁명'으로 볼셰비키가 정권을 장악하자, 조지아의 멘셰비키는 볼셰비키 정권을 인정하지 않았다. 멘셰비키는 스스로 조직한 적군赤軍을 투입하여 볼셰비키 병사들을 무장해제 시켰다. 볼셰비키 병사들은 바쿠를 제외하고는 병영을 떠나 북쪽으로 철수했다. 코카서스의 행정 부재를 해소하기 위해 11월 14일 '트랜스코카사스 인민위원회(Zavkom, Transcaucasian

Commisariat)'가 구성되었고, 1918년 1월 23일에는 의회격인 세임 (Seim)이 만들어졌다. 1918년 초 볼셰비키 정권이 전쟁에서 발을 빼기로 결정하자, 터키군이 국경을 건너 진입하기 시작했다. 러시아 군대는 전선을 이탈하기 시작했고, 소규모 아르메니아 게릴라부대만이 간헐적으로 터키군에 대항했다. 3월 3일 체결된 브레스트-리톱스크 조약에서 카르스Kars, 아르다한Ardahan, 바투미Batumi를 터키군에게 넘겨주기로 결정되자, 조지아와 아르메니아계 부대들은 고립무원에 빠졌고, 아제르바이잔인들은 터키의 영토 확장을 환영하였다. 짜르 정권을 무너뜨린 2월 혁명이 발발한 지 1년이 지나지 않아 코카사스의 정치 지형은 완전히 민족적 경계에 따라 재편되었다.

1918년 4월 22일 터키 군대의 압력을 받은 코카사스 의회는 독립을 선언하고, '트랜스코카사스 민주연방공화국(Democratic Federative Republic of Transcaucasia)'을 출범시켰다. 그러나 한 달도 지나지 않아 각 민족계열은 각기 독자적 노선을 취하였다. 아제르바이잔인들은 터키군의 진공을 환영하였다. 새 공화국을 정식으로 인정한 터키군은 카르스와 바투미를 접수하고 예레반 지방을 위협하였다. 아르메니아인들은 예레반을 지키는데 성공은 했으나 조지아인들과 아제르바이잔인들로부터 완전히 분리되었다. 조지아계 리더들은 연합공화국이 지속될 수 없음을 알고 5월 26일 독일의 원조를 받아들이기로 하고 조지아의 독립을 선언하였다. 이렇게 하여 조지아는 117년간의 러시아 지배를 벗어버리고 러시아가 내전에 휩싸인 동안 일시적인 독립을 확보할 수 있었다.

신생 조지아 정부의 수상인 라미쉬빌리Noe Ramishvili와 외무장관 츠켄켈리Akaki Chkenkeli는 터키군 모르게 독일과 협상을 벌여 조지아가 독일의 보호국(Protectorate)이 되기로 합의했다. 독일로부터 외교적 승인을 얻고, 점증하는 터키의 영토 요구로부터 보호를 받는 대신, 조지아는 독일군이 조지아 내의 철도시설과 항구를 이용하고, 독일 화폐의 유통을 인정하며 광산 채굴권과 천연자원 반출할 수 있는 권리를 인정하였다. 독일과 협정을 맺은 며칠 후 라미쉬빌리는 터키와도 협상을 벌여 일부 영토를 할양하고, 터키의 철도사용권을 인정하였다. 6월 4일 터키는 조지아공화국을 정식으로 승인하였고, 6월 10일 독일군이 트빌리시에 진주했다. 1918년 여름이 지나면서 조지아의 리더들은 자신들이 얼마나 큰 실수를 했는지를 깨닫기 시작했다. 독일과 협상을 진행하던 5월 말만 해도 독일이 전쟁에서 승리할 가능성이 커 보였었다. 그러나 여름을 지나면서 전세는 역전되었다. 9월 말 동맹국측에 가담했던 불가리아가 전선을 이탈했고, 한 달 뒤 터키도 휴전을 요청했다. 11월 독일이 강화를 요청하면서 조지아에서 독일군이 물러나고 대신 영국군이 들어왔다.

1919년 파리 강화에 코카사스의 세 공화국은 각기 대표단을 파견했다. 바투미의 영국군을 제외한 모든 연합국 군대가 트랜스코카사스에서 철수를 마친 1월 12일 조지아와 아르메니아는 국가 승인을 받았고, 아제르바이잔은 1월 19일 국가 승인을 받았다. 같은 날 승전국 수뇌부는 볼셰비키 적군의 공세를 막기 위해 코카사스에 군대를 보내지는 않고, 다만 탄약과 식량 등만을 지원하기로 결정했다. 영국이 주도한 간섭 정책이 철회되면서 연합국은 코카사스에서 손을 떼는 수순을 밟았고, 7월 9일 영국군은 바투미에서 철수했다. 이미 4월 28일 소비에트 적군은 아무런 저항을 받지 않고 바쿠에 진입하여 이슬람 민족주의계열인 무사바트당(Musavat) 정부를 해산하고 아제르바이잔 소비에트공화국을 수립하였다. 레닌은 1918년 여름 잃었던 바쿠 유전지대를 다시 확보하고 크게 기뻐하였지만, 현지 지휘관들에게 "이슬람 주민들을 조심스럽게 다루고 최대한 고려를 베풀 것"을 지시하였다.

1920년 가을 조지아는 혁명 발발 직후와는 크게 다른 상황에 처해 있었다. 북쪽과 동쪽 전선에서는 볼셰비키 적군이 접근하고 있었고, 아르메니아의 혁명정부(Dashnak, Armenian Revolutionary Federation)는 케말 파샤가 이끄는 터키 민족정권과 아나톨리아 북서부의 종주권을 놓고 전투를 하고 있었다. 러시아 내전은 적군의 승리로 거의 끝나가고 있었다. 조지아가 당면한 경제적 어려움과 전의 상실로 인해 이제까지 주도권을 잡아온 멘셰비키파는 영향력을 잃고, 볼셰비키가 영향력을 확장하고 있었다. 겨울이 다가오면서 터키군이 아르메니아에 대한 공세를 강화하자 볼셰비키 정권은 아르메니아와 볼셰비키 정권의 동맹을 제안하였다. 12월 2일 아르메니아 정부는 러시아 사회주의연방공화국(RSFSR)과 협정을 맺고 아르메니아 소비에트공화국의 출범을 선포하였다. 소비에트 정권에 포위된 조지아는 오래 버틸 수가 없었다. 볼셰비키 수뇌부는 조지아에 대한 전면적 군사적 공격 대신 협상을 통한 소비에트 정권 수립을 선언했으나, 2월 11일 아르메니아의 로리 지방의 반란을 진압하기 위해 적군이 아르메니아에 진입한 것을 계기로 조지아에 대한 공격을 승인하였다. 2월 14일 적군은 아제르바이잔으로부터 조지아를 침공하였다. 멘셰비키 지도자들은 모스크바와 협상을 벌이려고 노력하였으나, 적군은 혁명위원회를 설치하여 정부인수를 준비하였다. 2월 25일 멘셰비키파는 트빌리시를 버리고 바투미로 철수하였고, 3주 뒤 조르다니야와 조지아 공화국 수뇌부는 바투미에서 배를 타고 유럽으로 망명길에 올랐다.

볼셰비키 정권 하의 조지아

멘셰비키파가 1921년 2월 25일 트빌리시를 탈출하고, 적군이 다음 날 트빌리시에 들어옴으로써 조지아는 볼셰비키 수중에 떨어지게 되었다. 조지아를 어떤 식으로 복속시킬 것인가에 대해서는 볼셰비키 수뇌부 사이에 논쟁이 있었다. 코카사스 방면 적군 총사령관을 맡고 있던 오르조니키제Orjonikidze는 2월 초 전면적인 공격을 허가해 줄 것을 요청하였다. 스탈린은 오르조니키제의 의견에 동의했지만 트로츠키는 "조지아 내에서 혁명 활동이 강화되도록 하는데 준비 기간이 필요하고, 후에 이를 돕기 위해" 적군이 진군할 것을 주장했다. 레닌도 국제적 파장과 터키 케말 정권의 간섭을 두려워하여 신중한 자세를 취했다. 그러나 앞에 설명한대로 중립지대로 남아있던 로리 지방에서 반란이 일어나자 레닌은 적군 11군의 조지아 공격을 승인했다.

적군의 승리는 소비에트 권력이 코카사스 민족들을 연대시키는 새로운 시대를 열 것이라는 기대를 가져왔다. 소비에트 정권이 일단 설립되면 그간 '부르주아' 공화국 시절에 지속된 아르메니아인, 아제르바이잔인, 조지아인 사이의 갈등이 해소될 것이라고 보았다. 4월 14일 트랜스코카사스 철도체계의 통합이 선언되었다. 4월 26일에는 대외무역을 관장하는 통합기관이 창설되었고, 5월과 6월에 걸쳐 3국 사이와 3국과 러시아 사이의 세관, 출입국 장벽이 철폐되었다. 예민한 문제였던 3국 사이의 경계를 확정짓는 일과 아칼칼라키Akhalkalaki, 로리, 카라바흐, 나키체반Nakhichevan 같이 3개국 사이의 영토 관할권 주장이 엇갈리는 지역의 운명을 결정하는 논의도 시작되었다. 그러나 이 모든 문제가 지역 공산당원들과의 협의를 거치지 않고 모스크바에 의해 설치된 '코카사스사무국(Kavburo)'에 의해 결정되는 것이 큰 불만을 가져왔다. 1921년 11월에는 3국에 주둔하던 적군 부대들이 통합된 '코카사스 군대(OKA, Detached Caucasian Army)'를 구성하였고, 3국을 통합하여 '코카사스연방(Transcaucasian Federation)'을 구성하는 안이 제안되었다. 아르메니아와 아제르바이잔은 연방 구성에 즉각 찬성하였으나, 조지아의 리더들은 유보적인 태도를 보였다.

1922년 1월 조지아 공산당은 첫 당대회를 열고 토지개혁, 상업, 멘셰비키와 다른 종파에 대한 당 정책 등을 놓고 토론을 벌였다. 젊은 세대 당원들은 급진적인 안을 지지하였고, 기성 당원들은 점진적 개혁안을 선호하였다. 그러나 최종적으로 오르조니키제를 지지하는 소장파가 우위를 차지해 연방안에 찬성하기로 하였다. 1922년 3월 12일 아르메니아, 아제르바이잔, 조지아 대표들이 모여 '트랜스코카사스 소비에트사회주의공화국연방(Federal Union of Soviet Socialist Republics of Transcaucasia)'안에 서명하였다. 그 후 모스크바는 '연방회의(Union Council, Soiuznyi Sovet)'를 설치하고 세 공화국 공산당 사이의 내분을 없애기 위해 노력하였으나 큰 성과를 거두지는 못

〈1〉역주: 연방구성-1922년 12월에 통과된 연방안은 러시아, 우크라이나, 벨로루시, 트랜스코카사스 4개 공화국으로 구성되었으나, 1924년 투르크멘과 우즈벡 공화국이 추가되었다

하였다. 오르조니키제는 각 공화국의 특권을 축소하고 연방회의의 권한을 점차적으로 강화하면서 중앙집권화를 꾀하였다. 9월 스탈린이 제안한 각 소비에트공화국 자치권을 인정한 상태로 러시아연방공화국으로 편입시키려는 안은 레닌의 반대로 좌절되었다. 레닌은 대신 6개 공화국이 대등한 입장에서 '소비에트 사회주의공화국연방(USSR, Union of Soviet Socialist Republics)'을 구성하는 방안을 제안하여 이를 관철시켰다.[1] 1924년 1월 소연방의 구성이 완성되고, 조지아에서는 스탈린-오르조니키제 라인을 추종하는 중앙화 지지파가 분리적이고 '민족적인' 분파를 압도하자 멘셰비키 잔당들의 제거가 시급한 과제로 떠올랐다. 그러나 1900년부터 약 20년 동안 조지아의 혁명 운동을 이끈 멘셰비키파는 쉽게 제거하기 힘들었다. 1921년에만 해도 멘셰비키 당원 수는 5만 명이 넘었다. 1922년 8월에 대한 당대회에도 12,000명의 멘셰비키들이 집결했다. 볼셰비키의 주도권 장악에 초조감을 느낀 멘셰비키들은 1924년 8월 28일 서부 조지아의 각지에서 봉기를 일으켰다. 그러나 이 봉기는 소비에트 정부군에 의해 수일 내에 잔혹하게 진압되었다. 봉기에 가담한 사람 중 4천여 명이 사살되었고, 봉기 주도자들은 비밀경찰인 체카(Cheka)에 의해 체포되었다.

토착화와 경제 정책

소연방을 수립시킨 볼셰비키 정권 수뇌부는 소수 민족을 소연방에 효과적으로 통합시키기 위해 소위 '토착화(korenizatsiia)'정책을 폈다. 즉 각 민족공화국의 당과 행정기관에 토착민족 출신을 많이 기용하고, 민족문화 발전을 위한 여러 조치를 취하였다. 토착화 정책은 멘셰비키 정권의 노선을 계승한 것이었다. 1920년 중반 정부의 거의 모든 주요 보직은 조지아인들이 차지하였다. 아르메니아인들과 러시아인들이 차지하는 비중은 현저히 줄어들었고, 많은 수가 아르메니아와 러시아로 귀환하였다. 교육 부문에서의 토착화 정책도 수행되었다. 초등교육은 1930년까지 의무화되지는 않았지만 꾸준히 확대되었다. 초등교육은 조지아어뿐만 아니라, 아르메니아어, 아제르바이잔어, 압하즈어, 오세틴어, 러시아어로도 실시되었다. 문맹퇴치 교육도 활발히 진행되어 10여 년 간 약 50만 명의 주민이 읽기쓰기 교육을 받았다. 고등교육도 발전하였다. 1918년 자바키쉬빌리Ivane Javakhishvili에 의해 세워진 트빌리시 대학에는 1923년 4천명의 학생이 수학하였다. 그러나 대학에서는 당원인 교수들과 비당원인 학자들 사이의 긴장이 존재했다. 혁명 전에 교육을 받은 학자들은 1920년대 말까지는 특별한 감시나 제재를 받지 않고 저술과 출판 활동을 할 수 있었다. 그러나 노골적으로 민족주의 성향을 나타내는 것은 환영을 받지 못했다. 혁명과 내전 기간 중 적군에 의해 압류되었던 조지아의 유물들도 돌아와 트빌리시의 박물관에 소장되었다.

조지아에서 소비에트 통치 기반이 확립되자 경제 회복 조치와 병행하여 조지아 민족 문화에 대한 지원도 강화되었다. 많은 학교가 설립되고 오페라, 연극 공연과 영화 상연도 늘어났다. 조지아어로의 문학출판도 크게 늘어났다. 당시 작가들은 친볼셰비키 정책을 지지하는 소위 '프롤레타리아 작가'군과 이에 대항하거나 탈정치적 성향을 보인 작가들로 대별되었다. 니콜라제Niko Nikoladze, 므갈롭리쉬빌리Soprom Mgaloblishvili, 로르드키파니제Niko Lordkipanidze 등이 전자 그룹에 들어가고, 아바쉘리Aleksandre Abasheli, 감사후르지아Konstantine Gamsakhurdia, 다디아니Shalva Dadiani, 타비제Galaktion Tabidze, 상징주의 시인인 티찌안 타비제Titsian Tabidze 등이 후자 그룹에 속했다.

1920년대 중반 조지아의 경제 상황은 전쟁과 내전의 상처를 딛고 회복 단계에 들어섰고, 후반부로 가면서 성장의 길로 들어섰다. 적군이 트빌리시에 처음 도착했을 때에는 주민들은 극도의 식량 부족으로 고통 받고 있었고, 화폐도 제대로 통용되지 않았으며, 노동자들은 식량 사정이 그나마 나은 농촌지역으로 떠난 상태였다. 볼셰비키는 농민들로부터 세금의 형태로 농산물을 걷어 들였고, 화폐도 찍어냈다. 1921년 4월 6일 혁명위원회는 조지아의 모든 토지를 국유화하고, 토지의 매매와 임대를 금지하였다. 이전 정부 소유 토지와 귀족, 교회, 수도원 소유 토지는 모두 몰수되어 지방 소비에트가 통제하는 토지기금(land fund)으로 귀속되었다. 가난한 농민들은 토지기금으로부터 농지를 배당받아 농사를 지었다. 토지에 대한 직접세는 모두 폐지되고 모든 세금은 농산물로 대체되었다. 그러나 이런 전격적인 토지개혁 제도의 실시에도 불구하고, 새 볼셰비키 정부는 레닌의 지시대로 이전 지주계급을 조심스럽게 다루었다. 소비에트 권력에 대한 지지 기반을 넓히기 위해 혁명위원장과 농업 담당 인민위원을 겸하고 있던 마카라제Makaradze는 특히 소지주들의 토지를 단번에 몰수하지는 않았다. 1922년 10월 그가 이끄는 중앙위원회가 물러나고, 오르제니키제파가 중앙위원회를 장악하면서 토지 개혁에 박차를 가했다. 1922년 11월 22일 중앙위원회는 농촌에 남아있는 '봉건적' 질서를 파괴하는 광범위한 정치 공작을 취하기로 결정하고 다음해 3월 15일까지 지주들의 토지와 주택을 몰수하여 토지가 없거나 부족한 농민들에게 재분배하는 작업을 마치기로 하였다. 1923년 여름이 되자 지주와 이전 귀족들의 모든 재산은 몰수되어 2천년 가까이 조지아의 경제를 지배해 온 계급이 완전히 사라지게 되었다.

1920년대 중반 농업 생산은 점차 회복의 길로 들어섰지만, 소비에트 지도자들은 새로운 문제에 직면했다. 농민은 조지아 인구의 대부분을 차지하고 있었는데, 공산당은 농촌 지역을 완전히 장악하고 있지 못해서 언제든지 반혁명 운동에 직면할 수 있었다. 이에 더해 자본주의 체제를 일부 도입한 신경제정책(NEP)으로 인해 '부농(kulak)' 세력이 성장할 수 있다는 경고도 잇따랐다. 3차 조지아 공산당 대회에서는 모스크바 수뇌부의 이러한 우려에 동조하여 신경제정책이 가난한 농민들을 이용하고 착취할 수 있는 부농 계급을 만들어낼 수 있다는 점에 큰 신경을 썼고 이에 대한 대응책을 내놓았다. 빈농에게 신용공여를 해주고, 농업 협동조합을 장려하며 농민 상호부조위원회를 조직하며, '노동자들의 농민 후원 조직'을 만드는 등 가난한 농민들을 공산당편에 끌어들이는 다양한 노력을 펼쳤다. 그러나 1930년까지 펼쳐진 이러한 노력은 큰 성과를 거두지 못하였다.

코카사스의 공산당 지도자들은 농민들을 공산당 편에 서게 만들어야 한다는 필요와 프롤레타리아 독재와 산업화 추진이라는 목표 사

⟨2⟩역주: 해리만–1896–1981년. 철도사업으로 성공한 아버지의 뒤를 이어 철도와 은행 부문 사업을 성공적으로 추진했고, 뉴욕주지사, 상무장관, 영국대사와 러시아대사를 역임했다

이에서 균형을 잡기가 힘들었다. 또한 부농의 성장 위험성과 재원 확보를 위한 농업 부문의 중과세 부과 필요 사이에서도 어려운 선택을 해야 했다. 그러나 모든 정책의 초점은 경제 개발에 맞춰졌다. 1925년-1926년 농업과 산업에서의 회복 효과가 확연히 느껴졌다. 농업 생산은 전쟁 전(1913년)을 기준으로 94.4%에 이를 정도로 회복되었다. 공업 부문에서도 생산 회복에 박차를 가하여 1921년부터 1925년 사이 약 20개의 공장이 세워졌고, 1925년에만 9개의 공장이 생산을 시작했다. 총생산에서 공업이 차지하는 비율은 1/4에 불과했지만, 1925년 기준으로 공업 시설의 3/4이 국유화되었다. 1925년의 공업 생산은 전쟁 전을 기준으로 86.4% 회복되어 소련 전체의 수준(75.5%)보다 높았다. 노동자와 기술자의 양성도 성공적으로 진행되었다. 1925년 오르제니키제는 산업 노동자의 수가 꾸준히 늘어서 전쟁 전 수준을 거의 회복했다고 보고했다. 전쟁 전과 비교하여 철강 부문은 82%, 연초 부문은 112%, 인쇄 부문은 90%까지 회복되어, 전체적으로는 95%가 회복되었다. 1925-1926년 116,000 명에 달한 노동자의 2/3은 국영 기업에서 일했고, 이중 조지아 민족이 차지하는 비율은 약 40% 정도였다.

조지아의 가장 중요한 산업인 치아투라Chiatura 지역의 망간 생산은 더디게 회복되고 있었다. 1924년-1925년의 생산량은 전쟁 전 수준의 50%에도 미치지 못하고 있었다. 망간 생산과 수출을 획기적으로 늘리기 위해 소련 당국은 미국의 자본가 해리만Averell Harriman과 협상을 벌여 큰 투자를 이끌어 내었다.[2] 해리만은 백만 달러를 광산 설비 개선에 투자를 했고, 광산에서 포티 항까지 철도 개량에도 백만 달러, 포티항의 시설 증설에도 백만 달러를 투자하였다. 이에 힘입어 망간 생산량은 년 간 30만 톤에서 50만 톤으로 늘어났다. 소련은 첫 3년간은 수출량 1톤 당 3달러를 수출세로 받았고, 이후에는 톤 당 4달러를 받았다. 이 계약은 20년간 지속되었다.

1926년 11월 오르조니키제는 모스크바로 이동하고, 오라케쉬빌리 Mamia Orakheshvili가 트랜스코카사스 당위원장(Zakkrikom)으로 임명되었다. 오르조니키제의 동료인 그는 중앙당의 노선을 충실히 이행하며 반대파 숙청에 나섰다. 1920년대 말의 조지아 공산당 구성은 1920년대 초와 많이 달랐다. 1921년에는 공산당원의 수가 9,000명에 불과하였고, 이중 농민 출신이 차지하는 비율이 57%에 달했고, 사무직이 22.8%를 차지했으며 노동자의 비율은 13%에 불과했다. 당의 지도자들은 지식인 출신이거나 화이트칼라 출신이었다. 노동자층을 당에 끌어들이는 노력이 전개되어 1925년에는 당원 중 노동자 비율이 44.5%까지 높아졌다. 농촌지역에 공산당 기반을 확대하는 노력도 꾸준히 전개되어 새로 당에 가입한 당원 중 약 1/3은 농촌 출신이었다. 조지아의 공산당원 수는 꾸준히 늘어서 1930년에는 33,000명의 당원을 확보하였다. 당원의 1/3은 현장에서 일하는 노동자였고, 28%는 농민이었으며 약 1/4은 사무직에 종사하였다. 당원 중 조지아인이 차지하는 비율은 66%에 달했고, 아르메니아인은 12.8%, 러시아인은 9%를 차지했다.

12장 스탈린 시대의 조지아

스탈린 대숙청

1920년대 말부터 시작되어 1930년대에 완성된 스탈린주의(Stalinism)는 소련의 사회정치 구조를 크게 바꾸어 놓았다. 이 시기에 압축된 산업 혁명과 강제적 농업집단화가 이루어졌고, 엄격하게 통제되고 분화된 사회가 만들어졌다. 이러한 사회, 경제적 변화를 위해 치른 대가는 엄청났다. 신경제정책 시기에 누렸던 상대적 자유는 급격히 축소되었고, 소위 '부농척결(dekulakization)'운동으로 수백만 명이 희생되거나 추방되었고 이어서 대숙청이 뒤따랐다.

1930년대 초부터 소위 스탈린혁명이 시작되었다면, 1927년-1929년 기간은 혁명전 위기 기간으로 볼 수 있다. 농업과 산업에서의 성공에 힘입은 낙관주의는 1926년을 변곡점으로 위기의식으로 바뀌었다. 1927년부터 시작된 식량 부족과 집단화 정책의 시작으로 농민들은 큰 위기를 맞았다. 농민들은 너무 낮게 책정된 곡물 가격과 공산품 부족 때문에 농산물 판매를 꺼렸다. 정부 관리들은 농산물을 징발하기 위한 '비상조치'들을 취하며 농촌 지역으로부터 농산물을 강제적으로 수합하여 도시에 공급하였다. 중앙에서도 부하린으로 대표되는 중도파가 밀려나면서 좌파적 급진 정책들이 취해지기 시작했다. 1927년 말 열린 15차 공산당대회에서는 농업의 사회화 정책이 결정되어 농업집단화가 시작되었다. 그러나 초기에는 점진적 이행이 강조되고 계약에 기반을 둔 농업 생산 원칙이 채택되었다. 즉 정부는 미리 정해진 가격으로 농산물을 수매하고 대신 농민들에게 종자, 영농기계와 기타 필요 물품을 공급하기로 하였다. 1929년 4월 열린 16차 공산당 대회에서의 결정으로 제1차 5개년 계획(1929-1934년)이 시작되었다.

1928년 겨울과 봄에 걸쳐 코카사스 지역은 심한 식량난을 겪었다. 3월말 트빌리시에서는 빵 공급 부족으로 시민 폭동이 일어났다. 그러나 지방 행정책임자들은 즉각 곡물을 강제 징수하는 강압적 방법을 취하지 않았고 8월이 되어서야 적극적인 곡물 징수에 나섰다. 9월 3일 당 중앙은 조지아 공산당의 활동에 대해 엄한 경고를 내려 보냈다. 그 내용은 농업 생산 증대와 상업 작물 증산이 제대로 이루어지지 않고 있고, 협동농장과 집단농장의 설립이 더디게 진행되고 있다는 것이었다. 이러한 경고는 효과를 거두어 곡물 징발과 집단화작업은 가속도를 내며 추진되었다. 1929년 가을 작황이 감소했음에도 불구하고, 서부 조지아 거의 전 지역에서 곡물 징수는 목표량을 초과해 달성되었다. 1929년 말 스탈린은 집단화 저항 세력에 대해 강압적 방법을 총동원할 것을 지시하였고, 1929년 10월 3.5%에 불과했던 농가의 집단화작업은 1930년 3월 63.7%까지 진행되었다. 집단화와 더불어 '부농척결'도 무자비하게 진행되었다. 농촌지역에 계급투쟁이 선언되었다. 빈농을 선동하여 부농에 대항하게 했고, 부농의 농지와 소유는 몰수되어 집단농장으로 배속되었다. 그러나 부농과 빈농의 경계가 불분명하고 농촌지역의 유대가 강해 외부로부터 강제된 이러한 운동에 대한 저항은 매우 컸다. 1930년 카케티 지역에서는 자신의 농지에서 추방된 약 120가구의 농민들이 철도역에서 시위를 벌이며, 토지와 가산의 반환과 재정착을 요구했다. 그러나 부농철폐와 집단화 작업은 각 부락의 반응과 필요를 고려하지 않고 무자비하게 진행되었다. 도시 지역 노동자들과 무장한 공산당원들이 부락으로 파견되어 집단화에 반대하는 농민들을 진압했다. 농민들은 자신들의 가축을 도살하는 방법으로 집단화에 저항했다. 1929년-1930년 사이 조지아의 양은 그 수가 절반으로 줄어들었다. 조지아에서는 '사회적 이질적 분자들(socially alien elements)'의 자녀들은 중등, 고등 교육기관에서 쫓겨났다. 특히 이슬람 주민들의 저항은 거셌다. 그러나 3월 2일 스탈린이 '프라브다(Pravda)'지에 '급속한 집단화의 눈부신 성공'이라는 논설을 실었고, 집단화로 인한 반발과 부작용의 책임을 지방 관리들에게 돌렸다. 3월 중순 조지아의 당 지도부는 집단화의 속도를 늦추기로 하였다. 각 농가가 가지고 있는 텃밭과 과수원 등은 집단화 대상에서 제외했다. 4월 3일에는 농민들이 요구하면 대규모 집단 농장을 몇 개로 분리할 수 있는 법안도 마련되었다. 1930년 4월 트랜스코카사스당위원회의 책임자로 로미나제V. V. Lominadze가 임명되었다. 그는 5월에 열린 제 7차 조지아 공산당대회에서 집단화 정책의 수행 방법 중 잘못된 부분을 지적하고, 아르메니아인들과 터키인들이 주로 거주하는 지역에서 집단화가 성공적으로 이루어지지 않은 점도 지적했다. 스탈린의 지적으로 속도가 다소 늦어진 집단화 작업은 다시 가속화되었다. 강제적인 집단화 방법이 다시 동원되자 농민들의 저항도 거세졌다. 특히 1931년 가뭄으로 기근이 발생하자 오데사나 인근 지역으로부터 곡물을 수입해 와야 하는 상황이 발생했다. 곡물 생산 농지를 목화 생산지로 전용하여 집단화하는 작업도 진행되었다. 1931년 8월 1일부로 아제르바이잔 목화 농장의 50%가 집단화되었고, 아르메니아에서는 집단화율이 38%, 조지아에는 26.7%에 이르렀다. 그러나 전체적으로 보면 코카사스 지역에서의 집단화 진행율은 다른 지역에 비해 많이 떨어졌다. 1932년 말 기준으로 소련 전체의 농업집단화율은 61.5%에 이른데 반해, 코카사스 지역의 집단화율은 37.9%에 머물렀다. 그러나 2차 5개년 계획(1933-1937년)이 진행되는 동안 집단화에 순응한 농민들의 이익이 매우 커지면서 자발적 집단화가 신속히 진행되었다. 집단농장은 트랙터를 비롯한 영농장비를 집중적으로 지원받으면서 농가 이익이 크게 늘어났다. 1931년부터 1933년 사이 조지아 집단농장의 수입은 117.6% 늘어났다. 2차 5개년 계획이 끝난 1937년 말 소련 전체의 집단화율은 93%였고, 아르메니아는 88.7%, 아제르바이잔은 86.5%, 조지아는 76.5%에 이르렀다. 2차 대전 발발 직전인 1941년 봄 조지아 농민의 92.6%는 집단농장(kolkhoz)에서 일했고, 3%는 협동농장(sovkhoz)에서 일했으며, 개인 영농을 한 농민은 3.4%에 불과했다.

집단화와 병행하여 추진된 소위 '문화혁명(1928년-1931년)'도 조지아 사회에 큰 영향을 가져왔다. 문화혁명의 목표는 이전 지식인세대를 노동자 출신으로 대체하고, 전문기술과 행정 능력을 갖춘 노동자를 양성하도록 교육 체계를 개편하는 것이 주 내용을 이루었다. 1928년 5월-6월에 진행된 소위 '광부 재판(Shakhty trial)'을 계기로 기술자와 전문가들은 계급의 적으로 취급받았다. 이 사선을 세기도 전문 기술자들은 산업화를 위한 공산당의 동지가 아니라, 몰락한 자본주의를 돕는 배신자가 될 수 있는 '위험 계급'으로 낙인찍혔다. 문화혁명 기간에는 계급 출신 못지않게 민족 출신도 중요시 되었다. 소위 '토착화' 정책으로 학교 교육과 행정의 민족화가 가속화되었다. 그러나 지역 민족주의의 발현은 엄중한 경고를 받았다. 우크라이나의 '토착화'를 이끈 스크립니크Mykola Skrypnyk가 1931년 6월 공개적 비판을 받고 물러나자 민족적 기반을 중시한 문화혁명은 큰 타격을 받았다. 조지아의 유명한 시인, 건축가 여러 명이 작품의 민족주의 성향으로 인해 비판을 받았고, 감사후르지아를 비롯한 저명한 작가들이 같은 이유로 작가동맹에서 축출 당했다. 1931년 5월에는 트빌리시 국립대학을 설립하고 총장을 맡고 있던 자바카쉬빌리를 비롯한 10명의 교수가 대학에서 해임 당했다.

1932년부터 1934년의 기간은 집단화 정책과 1936년-1938년의 대숙청 사이의 중간 휴지 기간이었다. 집단화 정책이 완화되고 수정되었어도 경제적 위기는 극복되지 않았고, 오히려 정부의 강압적 간섭으로 인해 경제 상황은 악화되었다. 1931년, 1932년, 1933년 연이어 작황이 나빠서 농촌의 곡물은 강제 징수되어 도시 지역에 공급되었다. 곡물 징발은 가혹할 정도로 집행되어 우크라이나와 코카사스 일부 지역에서는 기근이 발생하였다. 2차 5개년 계획의 여러 부문의 목표는 하향 조정되었고, 집단화 정책도 완화되었다. 1932년 여름 곡물 징수 할당량은 다소 축소되었고, 집단농장과 개인농의 일부 작물

▲라브렌티 베리
아

은 시장에 내다팔 수가 있게 되었다. 경제 위기가 1933년까지 지속되자 중앙당에서도 경제 성장 목표를 조정하였다. 스탈린은 2차 5개년 계획 기간 동안의 산업성장률을 연평균 13-14%로 낮추었다(1차 5개년 계획 기간 동안에는 22%에 달했음). 1933년 초 이제까지의 계약 수급 방식을 철폐하고 일정한 고정 가격에 정부가 곡물을 수매하는 제도가 도입되었다. 1934년에는 스탈린식의 경제 체제가 확고히 자리를 잡았다. 각 산업부문은 계획에 의해 생산량이 배당되고, 곡물도 국가가 할당한 양을 공급한 다음에 잉여분에 한해 판매가 가능하였다. 농민들에게는 아주 제한된 범위에서 개인 경작과 농장 직거래가 허용되었다. 대부분의 물품 거래는 국가나 소비협동조합에 의해 수행되었다.

1931년 11월 12일부터 1938년 8월 31일까지 조지아 공산당을 맡은 사람은 베리아Lavrenti Beria(1899-1953년)였다. 그는 1932년 10월부터 1937년 4월까지 트랜스코카사스 당위원장도 겸직했다. 1937년 트랜스코카사스연방이 해체되고 1938년 11월 소련의 내무 담당 인민위원이 된 후에도 베리아는 자신의 수하들을 세 공화국의 책임자로 앉히며 트랜스코카사스에 대한 영향력을 계속 행사하였다. 베리아의 권력은 스탈린과의 개인적 관계에서 나왔다. 그는 전 경력을 비밀경찰에서 쌓으며 조지아의 공산당 책임자 자리에까지 올랐다. 그는 스탈린혁명이 진행되는 동안 트랜스코카사스를 성공적으로 관할했고, 그가 주도한 1936년-1938년의 트랜스코카사스 지역의 대숙청은 이전의 당체제의 잔재에 대한 경찰국가의 피비린내 나는 승리를 보여주는 상징이 되었다.

베리아는 1899년 수쿠미 인근의 메르케울리Merkheuli 마을에서 빈농의 아들로 태어나, 바쿠기술학교 재학 중인 1917년 볼셰비키에 가담했다. 그는 1920년까지 지하활동을 하며 바쿠에 머물다가 1920년 조지아로 건너와서 활동을 했다. 그는 한때 경찰에 체포되었다가 단식투쟁 끝에 풀려나기도 했다. 1920년대 초 비밀경찰의 아제르바이잔 지부에서 일을 했고, 후에 조지아 지부로 옮겨와 일을 했다. 1926년 그는 조지아 비밀경찰(GPU)의 책임자가 되었다. 스탈린과의 친분은 이때부터 쌓아진 것으로 보인다. 그는 상급자인 레덴스S. Redens가 모스크바로 옮겨가자 1931년 4월 트랜스코카사스 비밀경찰 책임자가 되었다. 몇 달 뒤 그는 조지아 공산당 1서기 겸 트랜스코카사스 공산당 2서기가 되었지만 그는 지역 공산당원들로부터 큰 지지를 받지 못했다. 조지아의 원로 볼셰비키들은 당 중앙위원회에 베리아의 임명에 반대하는 서한을 보내기도 했다. 그러나 그는 오랜 기간 트랜스코카사스에서 일했고, 지역 정치 환경을 잘 알았다. 그는 1920년대부터 지역 정치를 주도해 온 파벌들과도 거리가 있었고, 오르제니키제가 후원하는 젊은 당원도 아니었다. 32세의 젊은 나이에 조지아의 당조직을 장악한 그는 자신의 후원자인 스탈린의 뜻을 실현하는데 수단과 방법을 가리지 않을 준비가 되어 있었다. 그는 기성세대를 밀어내고 자신의 부하들로 지방 당 조직을 장악하도록 했다. 조지아의 지방 당 조직 중 32곳에 베리아의 부하로 일했던 비밀경찰 출신이 당책임자로 임명되었다.

1933년-1934년 소련 전역에서 소위 '당청소(chistka)'라고 불리는 당 내부의 이질 분자와 적대적 분자에 대한 숙청작업이 시작되자 조지아에도 숙청 바람이 불었다. 이 숙청 작업으로 조지아의 공산당원 수는 57,000명에서 48,000명으로 16%나 줄었다. 그러나 이러한 '청소'는 1936년-1938년 사이에 진행된 대숙청의 전주곡에 지나지 않았다. 1937년 5월에 개최된 10차 조지아 공산당대회에서 베리아는 조지아의 경제적 성과를 먼저 나열한 후 정치적 문제를 언급했다. 그는 대부분의 조지아 작가들과 시인들, 예술가들이 반소비에트적이었고, 소련 정권에 반하는 활동을 해왔다고 지적했다. 그는 '트로츠키파의 테러 중심'이 적발되었다고 선언하고 본격적인 숙청 작업이 진행 중임을 선언했다. 지역 권력 기반이 확고했던 베리아는 처음에는 숙청의 범위를 일부 대표적 반당 인사에 제한하려 했던 것으로 보이나, 중앙당에서 이런 태도에 대한 비판이 거세지자 본격적으로 숙청 작업을 진행하였다. 트랜스코카사스 지역의 숙청을 위해 모스크바에서는 말렌코프와 미코얀을 파견했고, 베리아는 이들과 함께 숙청작업을 진행하였다. 이후 베리아는 바기로프Bagirov, 아르티우노프Artiunov와 함께 트랜스코카사스의 숙청 작업을 진행하였다. 구세대에 속하는 엘리트 당 지도자들은 거의 제거되었고, 스탈린과 베리아에 충성하는 새로운 세대의 당관료들이 이 자리를 메웠다. 숙청으로 공백이 생긴 자리는 광범위하여 260개의 동洞당(raikom), 군郡당(obkom) 시市당(gorkom)위원장과 244개의 부서장이 새로 충원되었다. 1936년 11월부터 1939년 3월까지 조지아에서는 18,555명의 새로운 당원이 충원되었다. 이중 48.2%가 사무직 출신이었으며, 35.6%는 노동자 출신이고, 18.3%는 농민 출신이었다. 1938년 8월 21일 소련 비밀경찰 총수였던 예조프가 다른 자리로 옮겨가면서 베리아가 이 자리를 맡게 되었다. 트랜스코카사스 지역에서의 숙청 작업을 성공적으로 지휘했던 베리아의 부하들은 모스크바, 레닌그라드, 연해주, 벨라루스 등 여러 지역의 비밀경찰 책임자로 영전했다.

　1939년 자리를 잡은 조지아의 사회정치적 구조는 2차 대전 기간을 지나 스탈린 사망 때까지 존속되었다. 1928년부터 1959년까지의 기간 동안 조지아는 조지아 역사의 어느 기간보다 근본적인 변화를 겪었다. 1929년 260만 명이었던 인구는 2차 대전 중 30만 명의 인명 손실에도 불구하고 1959년에는 400만 명으로 늘어났다. 1926년 78%를 차지하던 농촌 인구는 1959년 58%로 줄어들고 그만큼 도시화와 산업화가 진행되었다. 트빌리시의 인구도 같은 기간 동안 29만 명에서 70만 명으로 늘어났다. 1차 5개년 계획 기간 동안 많은 조지아의 농민들이 산업노동자로 변신했다. 산업 생산에서 공업이 차지하는 비율이 1차 5개년 계획이 끝나는 시점(1932년)에는 46%였으나, 2차 5개년 계획이 끝날 때 75.2%로 늘어났고, 공업은 가장 생산성이 높은 경제 부문이 되었다. 쿠라 강과 리오니 강의 수력발전소는 산업 건설의 기념비가 되었다. 원료 공급지와의 거리를 무시하고 거대한 제철소도 건설되었다. 쿠타이시에 건설된 이 제철소와 자동차공장은 스탈린이 직접 명령을 내려 건설하게 하였다. 이렇게 하여 볼셰비키 혁명이 일어난 지 30년 후 조지아는 도시화, 공업화가 눈에 띄게 진척되고, 주민들도 프롤레타리아화되었다.

2차 대전과 전후 회복 과정

1941년 6월 22일 독일군이 독-소불가침 조약을 깨고 소련을 침공했다. 우크라이나 방면으로 들어온 남방 진격 부대는 짧은 시간 안에 우크라이나와 러시아 남부 곡창지대를 점령하고 코카사스 방면으로 진격해 왔다. 독일군의 최종 목표가 바쿠이므로 코카사스 산맥을 관통하여 조지아와 아제르바이잔으로 진격할 것이라는 우려가 있었지만 독일군은 러시아군의 강력한 저항에 막혀 코카사스 산맥 북쪽에서 발목이 잡혔다. 전선과 아주 가까운 곳에 위치한 조지아는 의복과 탄약, 다른 전쟁물자를 공급했다. 오래된 수공업형 공장들과 새로 건설된 공장들은 전투기 공장, 탱크 수리 공장과 대포와 포탄 생산 공장으로 변모했다. 조지아가 전쟁에 가장 크게 기여한 부분은 인력공급이었다. 조지아는 다른 소련의 공화국들과 마찬가지로 1938년 적군 개편 전까지는 민족단위 부대편성을 유지하고 있었다. 전쟁이 발발하자 러시아어를 거의 모르는 신병을 모집하여 훈련시키는 것이 어려웠기 때문에 다시 민족단위 편제를 유지하지 않을 수 없었다. 조지아 부대의 일부는 터키와의 국경 수비에 투입되었고, 일부는 코카사스 북부 지역 전투에 투입되었다. 가장 많은 사상자를 낸 부대는 크림반도에 파견된 부대였다. 224보병부대는 부대원 거의가 크림에서 전사했다.

조지아 사회 전체는 전시 체제로 전환되었다. 교사와 학생들이 징병되거나 전투물자 생산에 투입되면서 학교 수업은 단축되었다. 예술가와 작가들은 승전을 독려하는 작품을 양산해 내며 애국적 선전가가 되었다. 전쟁이 발발한 첫 해에 62개의 음악 작품이 작곡되었고, 트빌리시영화제작소는 '다리(bridge)'라는 전쟁물과 전설적 전쟁 영웅을 기리는 '기오르기 사카제(Giorgi Saakadze)'라는 영화를 제작했다. 이 영화를 제작한 감독은 스탈린상을 받았다. 조지아 왕 에레클레, 바흐탕, 타마르 여왕을 주제로 한 연극들이 조지아의 극장에서 공연되었다. 감사후르지아는 10부작인 '재건자 다비드'를 집필하기 시작했다. 2차 대전의 승리를 위해 스탈린은 이제까지 억눌러왔던 민족주의적 애국심을 한껏 고양시켰다. 소비에트 애국주의와 조지아의 민족주의가 전쟁 승리를 위해 같이 동원되었다. 1930년대 심한 압제를 받았던 교회에도 유화정책이 펼쳐졌다. 1943년 스탈린은 '조지아 자치정교회(autocephaly of the Georgian Orthodox Church)'를 부활시켰다. 4년간의 전쟁을 치르면서 조지아는 큰 인명 손실을 겪었다. 약 56만 명의 인원이 전선으로 보내졌으며, 이중 약 44,000명이 불구자나 부상자가 되었다. 전쟁 전 3,540,000 명이었던 인구는 약 30만 명이 줄어들었다. 산업 생산은 약 20% 줄어들었고, 1947년이 되어서야 전쟁 전 수준을 회복하였다.

스탈린 집권 말기 베리아는 모스크바에서 막강한 권력을 행사했다. 그러나 베리아는 조지아에 대한 통제권을 놓지 않았다. 그는 조지아 당 중앙위원회 위원이었고(스탈린도 이 직위를 유지함), 인사권을 통제했다. 스탈린에 대한 개인숭배 뿐 아니라, 베리아에 대한 개인숭배도 진행되어 트빌리시의 가장 큰 광장에 그의 이름이 붙여졌다. 그는 조지아를 자신의 '봉토(fiefdom)'처럼 통제했다. 소련의 당 간부 중 베리아만큼 자신의 출신지역에 대한 통제권을 행사한 사람은 없었다. 그는 스탈린에게 보고되는 정보를 독점하는 지위를 이용하여 조지아에 대한 나쁜 소식이 스탈린에게 들어가지 않게 했다. 베리아의 막강한 권한 덕분에 조지아는 특별대우를 받기도 해서 다른 지역에 공급되지 않는 희귀 물품도 조지아에는 우선 배당되었다.

1951년 스탈린은 베리아의 막강한 권력을 축소하기로 결정하였다. 먼저 베리아 측근 몇 명이 인사이동을 당했고, 조지아의 베리아의 출신 지역인 밍크렐리의 당간부 일부가 숙청되었다. 조지아는 트빌리시와 쿠타이시 2개주로 행정구역이 개편되고, 각 주의 1서기가 조지아 중앙위원회 위원으로 승진되면서 베리아의 영향력이 약해졌다. 1938년부터 조지아 당 제1서기를 맡아왔던 베리아의 충복 차르키비아니Charkiviani가 1952년 3월에 경질되고 후임에 므겔라제Akaki Mgeladze가 임명되었다. 1952년 하반기부터 시작된 각 지방의 민족주의 발흥에 대한 강력한 비판이 조지아에도 영향을 미쳤다. 1952년 9월 제15차 조지아 공산당 대회에서는 민족주의 성향을 보인 조지아 작가, 예술가, 영화인들이 집단적으로 비판당했다. 당시 가장 영향력 있던 작가였던 감사후르지아가 집중적인 공격을 당했다. 당대회에서는 므겔라제가 직접 나서서 감사후르지아의 "과거 시대에 대한 찬양은 부르주아 민족주의의 표현이고,...소련의 모든 민족이 서로 가까워지고 단합되는 것을 보지 못한 편협한 시각"이라고 비판했다. 2차 대전 후 러시아 문화와 언어에 대한 찬양과 고양이 진행되면서 민족문화의 표현과 발현은 그만큼 제한되었다.

스탈린이 남긴 가장 큰 유산은 국내적으로나 국제적으로 소련이라는 제국을 건설한 것이다. 이 제국이 비교적 안정적으로 유지된 것은 소련 내 소수민족들이 자신들이 짊어진 부담과 고통에도 불과하고 러시아인들과의 강제적 연합 덕분에 얻은 이익도 컸기 때문이다. 농촌 사회의 특징을 지닌 채 스탈린 시대에 들어선 조지아인들은 이러한 '내부적 식민주의(internal colonialism)'가 러시아와의 연합에 가장 큰 특징이 되었다. 스스로 선택한 길은 아니었지만 스탈린 시대에 조지아인들은 독특한 방식으로 '근대화(modernized)'되었고, 전통적인 농촌 사회는 근본적으로 변질되어 도시화와 산업화가 가속도를 내며 진행되었다. 조지아인들은 정치적 주권은 획득하지 못하였지만 자신들의 영토 내에서 단합되고 의식화된 민족으로 남았으며, 적당한 기회를 맞으면 사회적, 경제적, 문화적 생활을 향상시킬 준비를 갖추게 되었다.

13장 전후 시기와 페레스트로이카

전후 조지아와 소련의 민족 정책

1953년 3월 5일 스탈린이 사망하자 모스크바뿐만 아니라 민족공화국에도 많은 변화가 일어났다. 스탈린 사후의 가장 큰 변화는 정치뿐만 아니라 경제 정책에서도 탈중앙화가 진행된 것이다. 스탈린 시대에 조지아의 모든 정책은 중앙에서 철저히 통제했다. 경제의 각 부문도 연방의 각 부처가 감독하였고, 비밀경찰의 엄격한 감시 속에 지방 공산당은 중앙정부의 정책라인에서 벗어날 수 없었고, 크레믈의 권위에 도전하는 것은 철저히 봉쇄되었었다. 스탈린이 사망하자 베리아는 잠시 권력의 정점에 올랐으나, 1953년 6월 정치국의 동료들이 힘을 모아 그를 체포하고 총살형에 처했다. 조지아에서도 베리아 추종세력에 대한 신속한 숙청이 이루어졌고, 9월에 흐루시초프 측근인 므자바나제Vasili Mzhavanadze가 조지아 당 제1서기로 취임하였다. 베리아의 잔존 세력에 대한 숙청 작업은 계속되어 1954년 2월 열린 16차 조지아 공산당대회에서 압하지아, 아자리아, 트빌리시의 당 책임자가 경질되고, 약 2천 명의 하부 당조직 책임자가 경질되었으며, 약 천 명의 당원이 출당되었다. 내각을 이끄는 수상으로는 자바키쉬빌리G. D. Javakishvili가 선출되었다. 이러한 새 지도체제는 오랜 기간 안정적으로 조지아를 이끌었고, 므자바나제는 19년간 당 제1서기 직을 맡았다.

스탈린 격하 운동과 문화적 '해빙' 무드는 개혁에 대한 많은 기대를 불러일으켰지만, 많은 혼란도 발생시켰다. 조지아 내에서는 공화국 내 거주하는 소수민족들의 지위 향상을 위한 조치가 취해졌다. 압하즈 자치공화국(Abkhaz Autonomous Soviet Socialist Republic)과 남오세티아(South Ossetia) 지역의 학교 교육 체제가 개편되었고, 새로운 압하즈, 오세티아, 아르메니아 학교가 개설되었다. 수쿠미 교육대학 내에 압하즈 어문학과도 개설되었다. 아르메니아어, 아제르어 라디오 방송이 부활되었고, 러시아어, 압하즈어, 아제르어, 조지아어 신문들이 새로 발행되었다.

스탈린 체제가 남긴 유산과 문제점은 그의 사후에도 큰 후유증을 남기었다. 오랫동안 잠재해 있던 긴장은 1956년 3월 폭발하였다. 1956년 초 모스크바 당대회에서 흐루시초프가 스탈린을 비판하는 '비밀연설(secret speech)'을 하였고, 이 소식은 소련 전역에 조용히 퍼져 나갔다. 1956년 3월 5일 스탈린 사망 3주기를 맞아 트빌리시의 스탈린 동상 앞에서 그를 추모하는 비공식 집회가 열렸다. 하루하루가 지나면서 스탈린을 추모하는 시와 연설을 듣기 위해 학생들과 시민들이 모여들었고, 3월 9일 행정당국은 집회를 공식으로 허가했다. 집회 참가자들이 시내 중심부를 행진할 때 경찰과 군인들이 시위대에 발포를 하여 12명이 사망하고 수백 명이 부상하는 사태가 벌어졌다. 격앙된 시민들은 발포를 명령한 것은 흐루시초프라며 중앙정부의 책임을 물었으나, 모스크바 당중앙위원회는 조지아 당국의 사태에 대한 미흡한 대처를 비난하고, 당 제2서기를 교체하는 선에서 사태를 마무리 지었다. 트빌리시의 데모를 스탈린주의가 부활한 것으로 보는 사람도 있지만, 40년 만에 처음으로 조지아 민족주의가 공개적으로 표출된 것으로 보는 학자도 있다. 스탈린 시대의 어두운 면을 잘 모르는 젊은 세대들은 스탈린에 대한 성스러운 이미지를 간직하고 있었고, 조지아 출신인 스탈린이 이룬 정치적 성과를 조지아 민족의 자부심으로 여길 수도 있었다. 스탈린에 대한 비판과 모욕은 조지아 민족의식에 대한 모스크바의 홀대로 받아들였다.

트빌리시 데모 사건 이후 중앙정부는 조지아의 민족적 자부심에 좀 더 주의를 기울이고, 조지아 예술과 문학에 대한 통제를 완화하였다. 1959년 3월에 모스크바에서는 조지아 문화축제가 열렸고, 좀 더 후에 트빌리시 정도定都 1500년 행사가 열렸다. 그러나 문화 분야에서의 상징적 행사보다 훨씬 중요한 것은 조지아 토착 당관료들이 실권을 확보하고 자치권을 확대한 점이다. 중앙으로부터의 통제의 약화와 민족적 단합과 민족의식 고양은 중앙정부뿐만 아니라 조지아의 다른 소수민족에게도 위협이 되었다.

지방의 독자적 행정과 민족 우대주의는 사적 네트워크를 통한 비합법적 경제 활동과 거래를 조장시켰다. 조지아 전체로는 큰 경제적 발전을 이루지 못한 상황에서도 일부 개인은 큰 부를 축적하였다. 1960년부터 1971년 기간 동안 조지아의 총생산은 102%밖에 증가하지 못하여서 민족공화국 중 13위의 성장률을 보였지만, 1970년 평균 개인 예금액은 소련 전체 평균의 두 배에 달했다. 새로운 교육제도는 전문가 그룹을 양산하였지만, 이들 중 상당수는 노동에 종사하지 않고 편한 삶을 누렸다. 1970년대 초 조지아는 다른 어느 공화국보다 고등교육 수료 인구 비율이 높았지만, 많은 졸업생들이 바로 일을 시작하지 않았다. 조지아인들은 고등교육에 대한 열의가 높았지만, 이는 다른 소수민족의 고등교육 기회를 위축시키는 역할을 하였다. 1969-1970학년도 조지아공화국의 인구에서 조지아인이 차지하는 비율은 67%였지만 고등교육기관 재학 비율은 82.6%에 이르렀다. 이와 대비되게 아르메니아 인구비율은 9.7%였지만, 고등교육기관 재학 비율은 3.6%에 불과했다.

스탈린 시대에 약화되었던 조지아인들의 인구결집도는 스탈린 사후 강화되었다. 1959년 4,044,000명의 조지아 인구 중 64.3%가 조지아인이었다. 1979년 조지아의 인구는 5,016,000명으로 늘고 조지아인이 차지하는 비율도 68.8%까지 늘었다. 조지아인 인구의 상대적 증가는 두 가지 점에서 큰 의미를 갖는다. 첫째는 1897년 이후 계속 감소하던 조지아 내에서 조지아인이 차지하는 비율이 처음으로 증가하기 시작한 것이고, 둘째는 조지아 내 이슬람계 주민을 제외하고 조지아 인구의 증가 속도가 다른 민족의 증가 속도를 앞선 점이다. 이와 반대로 아르메니아인과 러시아인이 조지아 인구에서 차지하는 비율은 감소했다. 조지아는 연방공화국 중 유일하게 러시아인의 절대 수가 감소한 공화국이 되었다. 아르메니아 인구는 1959년(443,000명)과 1979년(448,000명) 사이 거의 변화하지 않았고, 전체 인구에서 차지하는 비율은 9%까지 떨어졌다. 조지아의 인구 구성이 조지아인 중심으로 재편된 것은 러시아인, 아르메니아인, 유대인의 역외 이주가 증가했기 때문이다.

〈표 1. 조지아의 민족별 인구 구성비 변화〉

민족	1897년	1926년	1939년	1959년	1970년	1979년
조지아인	66.3%	66.8%	61.4%	64.3%	66.8%	68.8%
아르메니아인	9.2%	11.5%	11.7%	11.0%	9.7%	9.0%
러시아인	–	3.6%	8.7%	10.1%	8.5%	7.4%

자료: Dobson, "Georgia and the Georgians," p. 168; Vestnik Statistiki, no. 10, 1980, 67쪽

조지아의 인구 자료에 주목할 점이 또 하나가 있다. 조지아가 아르메니아와 아제르바이잔에 비해 인구의 동질성은 낮았지만, 조지아인들은 다른 어느 소수민족보다 자신들의 조국에 사는 비율이 높았다. 아르메니아 인구 중 아르메니아인이 차지하는 비율은 89.7%(1979년)에 이르렀고, 아제르바이잔 내에 아제르바이잔 인구 비율도 78.1%(1979년)가 되었다. 그러나 아르메니아인이 조국에 거주하는 비율은 65.6%(1979년), 아제르바이잔인의 조국 거주 비율은 86%(1979년)인데 반해, 조지아인의 조국 거주 비율은 97%(1979년)에 달했고, 나머지 2%는 러시아연방공화국(RSFSR)에 거주했다. 조지아인들은 그만큼 조국에 거주하는 것에 만족을 했고, 외부 이주가 적었다. 또 다른 중요한 사실은 수도인 트빌리시에서도 1975년을 기점으로 조지아인이 다수 민족으로 자리 잡게 되었다는 점이다. 이러한 사실 모두는 조지아 인구의 높은 결집력을 보여준다. 이러한 인구적 결집력은 민족 간 결혼(intermarriage)과 이중언어사용(bilingualism) 비율에서도 나타난다. 소련의 통계는 이상할 정도로 민족 간 결혼에 대한 자료를 잘 보여주지 않지만, 웨슬리 피셔Wesley Fisher는

1969년을 기준으로 조지아인들의 결혼 중 93.5% 동족간 결혼이었고, 6.5%만 이민족과의 결혼이었다고 밝혔다. 이렇게 높은 동족 간 결혼은 이슬람계 소수민족을 제외하고는 가장 높은 비율이다. 이중언어 사용에 대한 통계도 조지아인들이 러시아어에 크게 동화되지 않은 것을 보여준다. 브라이언 실버Brian Silver의 분석에 따르면, 1970년 조지아 농촌 인구의 91.4%, 도시인구의 63%는 러시아어를 구사하지 못하는 것으로 나타났다. 수도인 트빌리시에서 거주하는 조지아인의 54.5%가 러시아어를 구사하지 못하는 것으로 나타나서 민족공화국 수도 중 아르메니아 예레반(63.1%) 다음으로 낮은 러시아어 동화율을 나타냈다. 1979년 자료에 따르면 조지아에 거주하는 조지아인 중 99.5%가 조지아어를 모국어로 구사했고, 26.7%만이 제2언어로 러시아어를 구사했다.

1964년 10월 흐루시초프의 실각도 조지아의 민족주의적 성향에 큰 영향을 미치지 못하였다. 므자바나제를 정점으로 한 지도부는 8년을 더 권좌에 머물렀고, 부패, 무능력, 소수민족에 대한 차별은 조지아의 정치, 경제의 발전을 가로막았다. 1972년 3월 6일 '프라브다(Pravda)'에 실린 논설이 므자바나제 체제 몰락의 첫 신호가 되었다. 당 중앙위원회의 결의문은 트빌리시 시당의 행정적, 정치적 업무에 대해 비판했다. 개인 업무에서의 부패와 '자유주의(liberalism)', 경제목표 미달성 등이 비판의 대상이 되었다. 이후 몇 달간 주요 당직 변화가 잇따랐다. 7월 25일 트빌리시 당 제1서기를 맡고 있던 롤라쉬빌리 O. I. Lolashvili가 해임되고 이 자리에 당시 41세였던 내무장관 에두아르드 셰바르나제Eduard Amvrosis dze Shevarnadze가 임명되었다.
그리고 두 달 뒤인 9월 29일 므자바나제가 해임되고 셰바르나제가 조
지아 당 제1서기가 되었다.

　조지아의 지도부가 경질된 가장 중요한 이유는 만연된 부패와 이
로 인한 경제적 실정, 당과 지식인 사이에 퍼진 민족주의 경향의 용인
이었다. 산업 성장률에서 조지아는 민족공화국 중 12등에 머물렀고,
1972년의 성장 목표는 6%였으나 실제 성장률은 0.2%에 그쳤다. 차,
해바라기씨, 과일 부문을 빼고 농업 실적도 저조했다. 집단농장에서
는 "횡령, 허위보고, 뇌물, 금품갈취 등이 만연했다." 1972년의 농가
소득은 전년도에 비해 평균 99루블 감소했다. 1970년 농민들은 집단
농장보다 자신들의 사적 텃밭에서 3배 이상의 수입을 올렸다. 1973년
당 중앙위원회의에서 셰바르나제는 '뇌물수수자와 금품갈취자에 대
해서는 무관용의 원칙'이 적용될 것이라고 선언하며 부패 척결에 나섰
다. 셰바르나제는 몇 년 동안 부패 척결에 나섰고, 근본적인 개혁이 진
행될 수 있다는 희망도 나타났다. 그러나 개혁에 대한 저항은 쉽게 사
라지지 않아서, 트빌리시 오페라 극장을 무대로 활동하는 투기꾼들에
대한 조사가 시작되자 증거를 없애기 위해 유서 깊은 오페라 극장에
방화를 하기도 했다.

　1970년대 조지아에서는 '비정통적(unorthodox)'이고 반체제적
인 민족주의가 나타나기 시작했다. 주변에 만연한 부패에 염증을 느
낀 소수의 학생들과 지식인들이 이 운동의 중심이 되었다. 저명한 조
지아 작가인 콘스탄티네 감사후르지아의 아들인 즈비아드 감사후르
지아Zviad Gamsakhurdia는 당시 트빌리시 국립대학의 영문학 교수

였는데, 조지아의 역사적 건축물의 방치와 훼손에 대해 낭국에 불민을 제기했다. 그와 동료들은 1972년 조지아 대주교청의 종교적 유물이 사라진 것을 발견하고 당시 내무장관이었던 셰바르나제에게 수사를 요청했는데, 당 제1서기인 므자바나제의 부인이 이를 빼돌린 것으로 드러났다. 므자바나제가 물러나면서 이 사건은 유야무야되었다. 1974년 중반 감사후르지아와 코스타바Merab Kostava, 찌콜리아O. Tsikolia와 기타 인물들은 트빌리시에서 인권보호그룹(Human Rights Defense Group)을 결성했다. 1975년 8월 소위 헬싱키 선언이 나오자, 인권침해감시기관인 헬싱키 그룹이 1977년 1월 결성되었다. 1977년 4월 당국에 의해 체포될 때까지 감사후르지아는 조지아의 국가기념물의 훼손과 메쉬키안 터키인(Meskhian)들의 중앙아시아 강제 이송 문제, 체포된 동료들의 석방을 촉구하는 많은 글들을 써서 기고했다. 1976년 4월 열린 8차 작가동맹 회의에서는 자파리제Revaz Japaridze가 역사, 지리, 기타 과목 교재를 러시아어로 출판하도록 한 교육장관의 지시를 강력하게 비판했다. 1978년 4월 새 공화국 헌법안 초안에서 조지아어를 공화국의 공식 언어로 인정한 이전의 조항을 삭제하고, 조지아어에 러시아어와 기타 소수민족어와 같은 지위를 부여하는 조항이 삽입되자 약 5천명의 학생들이 이에 반대하는 시위를 벌였다. 셰바르나제가 조지아어의 지위를 인정한 이전 헌법 조항이 부활할 것이라고 공표하면서 사태는 진정되었다.

조지아인들의 결합성이 커지고 시민 사회가 형성되자, 정부 당국은 주민들에 대한 나름의 유화적 정책을 폈다. 셰바르나제는 사회악과 범죄, 부패에 대해서는 강력한 제재를 가하면서 시민들의 희망과 기대에 많은 주의를 기울이며 행정을 이끌었다. 대표적인 예가 주요 정책 시행 전에 주민 여론 조사제도를 도입한 것이었다. 산악지역으로 이주된 주민들을 대상으로 한 조사에서 강제적 이주 조치에 대한 강한 불만이 조사되자, 당국은 이들을 다시 고향 마을로 돌려보내고 약 900개의 마을을 재건시켰다. 1981년 3월에는 대학의 한 문학교수의 해임에 반대하는 시위가 일어나자 셰바르나제가 직접 시위대에게 해당 교수의 복직을 약속하기도 했다.

셰바르나제가 당 제1서기로 취임한 이후 경제도 다시 살아나기 시작했다. 취임 후 2년 동안 산업생산은 9.6% 늘었고, 노동생산성도 7.8%나 향상되었으며 농업 생산은 18%나 늘어났다. 제 10차 5개년 계획이 끝난 1980년 조지아는 경제 목표 수치를 달성한 네 공화국 중 하나가 되었다. 성공적으로 부패를 척결하고 관료들의 열성을 자극하며 경제 성장을 이룬 셰바르나제의 공로는 중앙으로부터도 큰 인정을 받았다. 그는 1978년 50세 생일에 레닌 훈장(Order of Lenin)'을 받았고, 1981년에는 '사회주의 노동 영웅(Hero of Socialist Labor)' 칭호를 받았다. 1978년 그는 정치국의 후보위원에 올랐다. 그가 일한 방식은 브레즈네프 시대 소련에 팽배한 무사안일주의와 크게 대비되었다. 그는 정직하고 능력 있는 간부들은 승진시킨 반면, 부패와 무능에는 관용을 보이지 않았다. 그는 '프라브다'지와의 인터뷰에서 취임 초 7년 동안 약 300명의 당간부를 해임시켰다고 밝혔다. 그는 때로는 포퓰리즘적인 방법도 사용해서 1981년에는 블루칼라 노동자를 조지아 당 중앙위원으로 뽑기도 했다.

만성적인 부패와 '지하경제(second economy)', 조지아의 경제적 발전과 민족 전통과 언어에 대한 충성 사이의 갈등은 셰바르드나제 정부에 계속 큰 부담이 되었지만, 13년에 걸친 그의 성공적인 리더십은 1985년 7월 고르바초프가 소련의 수장이 되면서 큰 보상을 받았다. 그는 바로 정치국원으로 승진했고, 안드레이 그로미코의 뒤를 이어 소련의 외상이 되었다.

페레스트로이카 시기의 조지아

1985년 미하일 고르바초프가 권좌에 오르고 셰바르나제를 소련 외상으로 임명하면서 소련에는 정치적, 사회적 변화가 시작되었고, 이로부터 6년 후 소연방은 해체되었다. 1985년 당시 소련이 당면한 큰 위기는 없었지만 고르바초프와 개혁주의자들은 침체의 늪에 빠진 경제를 살리고, 소련을 국제적 고립으로부터 탈출시키기 위한 조치들을 취하였다. 그러나 계속 추락하는 경제와 보수 공산주의자들의 개혁에 대한 저항, 각 공화국의 민족주의의 발현은 중앙의 권력을 심각하게 약화시켰고, 연방공화국들이 자치와 독립을 향해 내달을 수 있는 기회를 제공해 주었다.

페레스트로이카의 초기 기간(1985년–1988년) 동안 조지아는 비교적 평온했다. 보수적 당관료 출신인 셰바르나제의 후임자 파티아쉬빌리Jumbar Patiashvili는 반체제운동을 엄격히 통제하고 교회를 탄압했으며, 공화국 내에 새로 형성된 비공식 단체들과의 대화를 거부했다. 그러나 조지아의 공산당 간부들은 고르바초프의 개혁 압력과 오랜 기간 강한 민족주의 성향을 보이는 공화국 자체의 문인 지식인들 양쪽으로부터 압력을 받고 있었다. 조지아의 지식인들은 조지아어의 수호와 발전에 헌신할 뿐 아니라 조지아 내의 다른 소수민족에 대한 국수주의적 우월감도 나타냈다. 고르바초프 시기 이전까지 반체제 운동가들은 큰 영향력을 발휘하지 못했다. 3년형을 받고 투옥되었던 감사후르지아는 자신의 견해를 공개적으로 바꾼 후 1981년 석방되었지만, 코스타바는 타협을 거부하였다. 1986년 코카사스 산맥을 관통하는 철도개설이 논의되었을 때 반체제 인사들은 환경파괴를 이유로 이를 거부하는 운동을 펼쳤다. 스탈린을 모델로 한 아불라제Tengiz Abuladze 감독의 영화 '참회(Repentance)'는 소련의 공식 이데올로기 제약을 벗어나서 도덕과 영성을 다룬 작품으로 서방에서 큰 관심을 모았으나, 조지아에서는 몇 번 상영된 후 상영이 중단되었다. 1987년 4월 코스타바가 감옥에서 풀려나면서 반체제 운동의 리더 역할을 하였다. 1988년 5월 26일 조지아 독립기념일에 열린 반체제 집회는 경찰에 의해 해산되었다. 중도주의적 온건 인사들은 고르바초프의 글라스노스찌와 페레스트로이카를 지지하기 위해 '쇼타 루스타벨리협회(Shota Rustaveli Society)'를 결성하였다. 코스타바와 측근 인사들은 '일리야 차브차바제협회(Ilia Chavchavadze Society)'를 결성하고 러시아화에 반대하는 운동을 펼쳤다.

1988년 아제르바이잔의 고립된 영토(enclave)인 카라바흐에 거주하는 아르메니아인들이 조국과의 합병을 요구하고, 발트3국의 주민들이 시민전선(Popular front)을 결성하며 민족주의 운동에 나서자 민족주의 운동은 대중 운동으로 발전하였고 조지아에서도 민족 문제가 첨예화되었다. 1988년 6월 58명의 압하지아 출신 공산낭원들은 모스그바에서 열린 19차 공산당대회에 공식 서한을 보내 압하지아의 분리를 요구했다. 9월에 압하지아 공산당 지도부는 조지아공산당의 민족정책을 비난하며 조지아와 압하지아 관계에 대해 항의했다. 압하지아인들은 조지아 내에서 편하게 안주하지를 못했다. 압하지아는 조지아와의 오랜 접촉으로 조지아의 문화적 영향을 많이 받았다. 조지아로 동화된 공후들이 수 세기 동안 이 지역을 통치했고, 조지아어가 공식 언어의 역할을 하고 많은 압하지아인들이 정교회 신도가 되었다. 그러나 압하지아인들은 자신들을 '압수아(apsua)'라고 부르면서 북쪽과 서쪽 산악 지대의 언어와 밀접한 고유 언어를 유지하고 있었다. 과거에는 주민의 다수가 압하지아인들이었지만, 압하지아가 러시아에 통합되면서 많은 주민이 터키로 이주해서 압하지아인들은 자신들의 자치공화국 내에서도 소수민족이 되었다. 1979년 자료에 따르면 압하지아 자치공화국 인구 중 압하지아인이 차지하는 비율은 17%(83,000명)에 불과한 반면, 조지아인이 차지하는 비율은 41%, 러시아인은 16%, 아르메니아인은 15%가 되었다.

압하지아인들은 러시아 혁명과 내전 기간 동안 조지아의 지배에 반기를 들었다. 그러나 1921년 조지아에 볼셰비키 정권이 수립된 후 압하지아는 문화적, 정치적 자율성을 인정받는 조건으로 조지아에 남아 있기로 했다. 스탈린 집권기에 압하지아는 초기 공산당 지도자들과 지식인들이 숙청을 당했고, 강제적 농업집단화가 진행되었으며 조지아 문화와 언어의 영향력이 확대되어 피해를 입었다. 1932년에는 공화국의 지위가 소비에트사회주의공화국에서 자치공화국으로 강등되었다.

스탈린이 사망하자 압하지아 지도자들은 민족 정체성을 찾는 노력을 시작해서 학교 교육과 언론에서 압하지아어의 사용이 늘었다. 그러나 이러한 민족 운동은 늘 조지아 지도부의 반대에 부딪쳤다. 1978년에 이미 압하지아 지식인들은 조지아공화국에서 탈퇴하여 러시아연방공화국으로 들어갈 것을 청원했다.

압하지아 문제 뿐 아니라, 아자르, 오세티아 문제는 조지아의 민족적 패권주의를 부각시키면서 조지아의 민주화 운동과 주권 운동을 왜곡시켰다. 조지아 지식인들의 입장에서는 조지아 내 소수민족들이 자신들의 지역에서 누리고 있었던 특권적 지위에 대한 불만이 많았다. 압하지아인들은 자신들의 자치공화국에서 소수민족의 입장에 있었지만, 남오세티아에서는 오세티아인 비율이 66%에 달했다. 각 자치공화국에서 토착민족 출신들이 주도적 위치를 차지하고 있었고, 조지아의 민족주의 발현에 대해 거부감을 느끼고 있었다. 조지아는 사하로프Andrei Sakharov가 말한 '소형 제국(miniature empire)' 이미지에 들어맞았다.

조지아인들이 느끼는 위기감도 커졌다. 이런 위기감은 조지아의 인구의 1/3이 비조지아계 민족이라는 사실 뿐 아니라, 조지아인들의 낮은 출산율과 비조지아계 주민의 높은 출산율에도 기인했다. 이러한 불안감은 공산주의 체제에 대한 불신으로도 이어졌다. 공산주의는 러시아의 주도권을 연상시켰고, 조지아의 민족적 이익에는 배치되는 것으로 여겨졌으며 조지아 민족을 효과적으로 보호하지 못한다고 보았다. 고르바초프의 개방, 개혁 정책은 모든 비러시아계 민족의 기대는 한껏 부풀려 놓고, 실질적으로 문제를 해결하지는 못했다.

자신들의 힘을 믿은 조지아 민족운동 지도자들은 1988년 11월 압하지아의 분리 운동에 대항하는 시위와 단식운동을 펼쳤다. 1989년 3월 18일 압하지아에서 분리독립을 요구하는 대규모 시위가 일어나자 조지아의 시위도 격화되었다. 시위대의 규모에 놀란 조지아 당 제1서기 파티아쉬빌리는 중앙정부에 시위대 진압 지원 요청을 하였다. 4월 9일 아침 소련 군대는 진압 무기와 최루탄을 사용하며 시위대를 공격하여 해산하였다. 이 과정에서 19명이 사망하고 수백 명이 부상을 입었는데, 사망자의 대부분은 여자였다. 4월 9일 사건은 소련 전체에 큰 반향을 일으켰다. 셰바르나제가 직접 조지아로 가서 사건 조사를 하고 상황을 안정시켰지만, 이 사건을 계기로 민중운동은 급진적 민족주의 방향으로 선회했다. 사태의 책임을 지고 파티아쉬빌리가 당 제1서기직을 사임하고, 후임으로 조지아 KGB책임자였던 굼바리제Givi Gumbaridze가 임명되었다. 그는 조지아의 모든 사회단체와 대화의 길을 열 것이라고 선언하고, 일시적으로 구금되어 있던 민중 운동 지도자 감사후르지아, 코스타바, 찬투리아Giorgi Chanturia를 석방했다.

　1989년 여름부터 1990년 초까지 조지아공산당 정부는 민족주의 노선으로 전술적 선회를 했다. 1989년 9월 모스크바에서 열린 당 중앙위원회에서 굼바리제는 조지아의 민족 분규를 공화국 내부 문제로 다룰 수 있게 해 줄 것을 요청했고, 각 민족공화국에서 민족단위의 군사 편제를 시행할 것을 제안했다. 11월에는 조지아 최고회의가 새로운 소련연방법(all-Union laws) '조지아의 이익에 반할 경우' 이를 비토할 권한을 갖는다고 선언했다. 1990년 3월 조지아 최고회의는 조지아가 주권공화국임을 선언했다.

　조지아가 모스크바로부터 점점 독립이 되어 가고 분리독립의 가능성이 커지자 조지아 내의 소수민족들은 큰 위협을 느끼기 시작했다. 1989년 압하지아와 조지아의 갈등은 점점 첨예해졌다. 특히 트빌리시국립대학 분교를 수쿠미에 세우는 문제도 격화되는 갈등에 일조를 했다. 이와 동시에 조지아인들과 오세티아인들의 대립도 심화되었다. 조지아 젊은이들은 조지아 삼색기를 가지고 남오세티아의 수도 쯔킨발리Tskinvali로 들어가서 오세티아인들을 자극했다. 조지아어를 공화국 내의 유일한 공식 언어로 인정하려는 움직임이 일자 오세티아 시민전선(Ossetian Popular Front)은 시위를 주도하고 중앙정부에 항의를 했다. 조지아인들이 제국적 권력의 중심이라고 생각하는 모스크바에 대고 오세티아인들이 항의를 제기하자, 조지아의 민족주의자들은 크게 격노했다. 이들은 남오세티아가 러시아연방공화국에 속한 북오세티아와 병합하려 한다고 믿었다. 아르메니아인들은 큰 소요를 일으키지 않았지만, 아제르바이잔인들은 독자적 행정 조직을 요구했다.

　1989년 4월 시위의 유혈진압 이후 조지아의 시민운동은 공산주의 정권에 대한 과격 시위 운동으로 바뀌었다. 6월 15일 작가동맹은 최고회의에 서한을 보내서, 러시아연방공화국이 1920년 5월 7일의 조지아와의 합의를 어기고, 1921년 2월 25일 조지아를 침공하고 강제 병합한 사실을 인정하도록 촉구했다. 또한 조지아의 주권과 진정한 조지아 시민권, 러시아 법률을 거부할 권리, 조지아 민족 위주의 군사 편제, 조지아로의 외부 주민 이민 정책 포기, 과거의 과오에 대한 시정 등도 요구했다. 그러나 조지아의 민족주의 운동 내부의 분열과 대립은 쉽게 극복할 수 없었다. 온건파 인사들은 시민전선을 결성하고, '기존의 법질서 안에서' '자유롭고 민주적인 사회 건설과 완전한 독립 회복'을 달성하는 것을 목표로 삼았다. 그러나 시민전선은 비조지아계 민족들은 전혀 대표하지 못했을 뿐만 아니라, 조지아인들 사이에서도 광범위한 지지 기반을 확대하지는 못했다.

민족주의 진영 내에서 상호 타협이나 연대도 쉽게 이루어지지 않았다. 1989년 10월 코스타바가 교통사고로 사망하자, 감사후르지아가 민족 운동의 대표가 되었다. 감사후르지아와 동료들은 공산주의 체제 종료를 위해 노력하면서 '민족적 일체성(national wholeness)'을 강조했지만, 대안적 의견에 대해서 관용적이거나 수용하는 태도를 보이지는 않았다. 시민전선, 루스타벨리협회, 사회민주당(Social Democratic Party) 같은 좀 더 온건한 단체들은 다당제의 기초를 다지고, 1990년 3월로 예정된 최고회의 선거에 참가할 준비를 했다. 그러나 '불법적'인 공산당 정권과 거리를 둔 급진적 단체들이 사태의 방향과 속도를 주도했다. 쉔겔라이아Erekle Shengalaia가 이끄는 민족정의회(Society of National Justice), 샨투리아가 이끄는 조지아민족민주당(Georgian National-Democratic Party), 성 일리야회(Society of St. Ilia), 왕정주의자파(Monarchists), 공화-연방당(Republican-Federative Party) 등은 기존 체제 안에서 변화를 꾀하는 시민전선 후원을 거부했다. 대부분의 야당 단체들이 1990년 3월 의회선거를 보이콧할 것이 분명해지자 시민전선은 정부에 선거를 가을로 연기하도록 설득했다. 그러나 5월말 소위 '선거 거부파들(boycottists)'은 약 6천 명의 지지자들을 소집하여 '민족회의

▲즈비아드 감사
후르지아

(National Forum)'를 진행하고 조지아 국가의회를 독자적으로 구
성하기로 결정하였다. 10월 28일 국가의회 선거가 진행되어 쩨레텔
리**Erekle Tsereteli**가 이끄는 민족독립당(National Independence
Party)이 제1당을 차지하였고, 찬투리아의 민족민주당이 제2당이 되
었다. 찬투리아에 개인적 적대감을 가지고 있던 감사후르지아는 기존
의 최고회의 선거에 참여하기로 한 단체들과 협력했다. 민족주의 운
동은 개인 리더들을 중심으로 전개되었고, 100개가 넘는 정당들이 리
더 중심으로 결성되어 활동을 펴나갔다. 감사후르지아와 찬투리아의
적대감은 매우 커서 양측은 암살과 방화도 서슴지 않았다.

 민족 운동 진영은 공화국 내 소수민족의 자결권을 대상으로 공동의
대화의 장을 열지 않았다. 비조지아계 소수민족은 조지아인이 주인인
땅에 뒤늦게 들어온 조지아보다는 러시아에 충성도가 높은 '외국인'으

로 치부되었다. 감사후르지아는 민족주의자들의 호전적 경향을 부추
겼다. 그는 아제르바이잔인들과 레즈긴인들이 동부 조지아의 토지를
불법적으로 사들이고 있다고 비난하며 조지아인들의 불만을 고조시
켰다. 감사후르지아가 조직한 '민족해방운동원탁회의(Round Table
of the National Liberation Movement)'는 철도 점령 시위를 통해 조
지아 전체에 조직을 갖춘 정당만 선거에 참여할 수 있게 선거법을 개
정하도록 정부에 압력을 행사하였다. 이 법에 의하면 특정 지역에 기
반을 둔 비조지아계 정당들은 선거에 참여할 수 없었다. 1990년 10월
28일 치러진 최고회의 선거에는 6개 민족주의 계열 정당이 공산당과
경쟁했다. 감사후르지아가 이끄는 '원탁회의'가 압도적인 1위를 차지
했고, 공산당은 큰 격차를 둔 2위에 머물렀다. 감사후르지아는 최고회
의 의장으로 선출되었고, 시구아Tengiz Sigua를 수반으로 한 정부를
구성했다. 공산당 정부가 물러나자, 새 정부는 조지아를 소련으로부
터 완전히 독립시키는 목표를 분명히 했고, 공화국 내 소수민족을 다
루는 정책도 직접 관장하기로 했다.

남오세티아의 지역의회가 자치공화국 지위를 선언하는 결의안을
통과시키자, 감사후르지아는 "만일 오세티아인들이 우리와 함께 평화
롭게 사는 것을 원하지 않는다면 조지아를 떠나게 할 것"이라고 선언
했다. 2주 후 트빌리시에서 출발한 200대의 버스에 나눠 탄 시위대는
남오세티아 수도인 쯔킨발리로 들어가 지역의회의 결정에 항의하는
시위를 벌였다. 조지아 시위대와 남오세티아 시위대는 경찰을 사이에
두고 24시간 동안 대치하기도 하였다. 12월 11일 남오세티아는 조지
아를 떠나 소연방의 직접 관할에 들어간다고 선언했다. 같은 날 조지

아 최고회의는 남오세티아 자치공화국의 해체를 의결했다.

인종간의 충돌과 민족운동 진영 내부의 치열한 대립과 충돌, 정치 지도자들의 권위주의와 자의적 행동으로 인해 정치적 르네상스에 대한 기대는 많이 퇴색되었다. 특히 감사후르지아의 배타적 민족주의는 조지아를 통합시키기보다는 분열시키는 작용을 하였다. 일부 관측자들은 감사후르지아가 자신을 '조지아를 이끌도록 신으로부터 임명받은 지도자'라고 생각하는 '메시아주의(messianism)'에 사로잡혀 있다고 보았다. 그는 자신은 절대 실수와 오류가 없는 사람이고, 자신의 의견에 동의하지 않거나 명령에 복종하지 않는 사람은 모스크바가 보낸 첩자라고 생각할 정도로 편집증에 사로잡혀 있다고 평가하는 사람도 많았다. 감사후르지아의 예측할 수 없는 행태로 인해 그가 지명한 정부의 수상인 시구아와 외무장관인 코쉬타리아Giorgi Khoshtaria가 사퇴를 하였다. 이들의 후임으로는 현지인들이 지역 '마피아'와 밀접한 관련이 있다고 믿는 인물들이 임명되었다.

5부 독립 조지아

14장 감사후르지아 정권과
셰바르나제 정권

감사후르지아 정권과 내란

1989년 4월 유혈사태 2주기인 1991년 3월 31일 독립여부를 묻는 국민투표에서 90% 가까운 찬성으로 독립이 가결되었다. 며칠 후 의회는 만장일치로 감사후르지아를 대통령으로 지명하였고, 조지아의 첫 독립 선언 74주년인 1991년 5월 26일 국민들은 86.5%의 압도적 지지로 감사후르지아를 초대 대통령으로 선출하였다. 압도적 지지로 당선되기는 하였지만, 감사후르지아는 많은 문제를 안고 대통령직에 취임하였다. 우선 선거 기간 중에 격렬한 상대 비방과 위협, 폭력이 자행된 것이 큰 부담으로 작용했다. 감사후르지아의 적대 그룹인 '국민의회(National Congress)'파의 무장 세력으로 인해 트빌리시의 치안도 불안하였다. 비조지아계 민족 지역의 혼란도 매우 컸다. 남오세티아에서는 전투가 계속되었고, 압하지아의 수도 수쿠미 거리에서는 조지아인들과 압하지아인들이 충돌했다. 많은 반대자들이 감사후르지아의 배타성, 신비주의적 민족주의에 대한 집착을 비난했지만 감사후르지아가 의회와 언론을 완전히 장악한 상태라서 합법적인 정치적 반

즈비아드 감사후르지아(Zviad K'onst'ant'inesdze Gamsakhurdia)
(1939년 3월 31일-1993년 12월 31일)

감사후르지아는 1939년 12월 31일 트빌리시의 명문 가문에서 태어났다. 소련 과학원 원사였던 아버지 콘스탄티네 감사후르지아Konstantine Gamskhurdia(1893-1975년)는 20세기 최고의 조지아 작가였다.

1955년 감사후르지아는 고르가슬랴니Gorgasliani('중세 조지아 왕의 계보'를 뜻함)라는 지하 청년 조직을 만들었다. 이 그룹은 조지아 내 인권 탄압에 대한 지하 간행물을 유포했다. 1955년과 1958년 감사후르지아는 반정부 시위와 관련되어 체포되었다. 1972년 감사후르지아는 조지아정교회 대주교 임명 반대 운동으로 전국적 명성을 얻었다. 1973년에는 인권운동그룹을 창설하였고, 1976년 조지아 헬싱키그룹Helsinki Group의 공동의장이 되었다. 감사후르지아는 사미즈타트Samizdat라고 불린 지하 간행물 출판에도 열성을 보였다. '금빛 깃털(Golden Fleece, Okros Satsmisi)', '조지아 소식(Georgian Herald, Sakartvelos Moambe)', '조지아(Georgia, Sakartvelo)', '연보年譜(Annals, Matiane)', '조지아 소식(Vestnik Gruzii)' 등의 지하 간행물의 출판에 참여했고, 모스크바에서 발행되는 지하 간행 잡지 '시사 연보(Chronicle of Current Events)'의 편집에도 참여했다. 감사후르지아는 국제인권협회(International Society of Human Rights)의 최초의 조지아인 정회원이 되었다. 감사후르지아는 아버지의 뒤를 이어 문학을 전공했다. 그는 아버지만큼 뛰어난 작가는 아니었지만, 영문학자이자 문학비평가로서 많은 업적을 남겼다. 1973년 문학박사학위(kandidat)를 받았고, 1991년 국가박사(doktor)가 되었다. 그는 트빌리시 국립대학의 영문과 교수로 재직하며 T. S. 엘리어트, 셰익스피어, 오스카 와일드, 찰스 보들레르에 대한 논문과 비평을 출간했다. 그는 조지아 최고의 민족서사시인인 쇼타 루스타벨리 연구가로도 명성을 날렸다. 그는 조지아 과학아카데미와 조지아 작가협회의 멤버이기도 했다. 지속적인 반체제 활동에도 불구하고 가문의 명성에 힘입어 중벌을 면했던 감사후르지아는 1977년 헬싱키그룹 멤버들에 대한 소련 당국의 대대적 탄압으로 체포되어 3년 중노동형을 언도받고 다게스탄의 수용소에 수감되었다. 2년의 수감생활 후 1979년 감사후르지아는 석방되었는데, KGB의 압박과 회유에 넘어가 자신의 과오를 뉘우치는 것을 전제로 조기 석방된 것으로 추정된다. 감사후르지아는 다시 반체제 운동에 뛰어들어 1981년 조지아 문화유산 보존운동을 이끌었는데, 당시 당 제1서기장이던 셰바르나제에게 '조지아국민의 요구사항'을 전달하기도 했다. 그는 이 사건으로 다시 한 번 투옥되었다. 1985년 고르바초프의 집권으로 글라스노스찌가 시작되자 감사후르지아는 본격적으로 민족운동에 뛰어들었다. 1988년 그는 '정의의 사도 일리야회(Saint Ilia the Righteous)'의 창설멤버가 되었고, 1989년 4월 트빌리시에서 유혈 충돌이 일어나자 민족독립운동의 선두에 나섰다.1991년 5월 26일 실시된 대통령 선거에서 83%의 투표율에 투표자 86.%%의 지지로 감사후르지아가 독립 조지아의 초대 대통령으로 선출되었다.

대도 봉쇄되어 있었다. 취임 후 감사후르지아가 독재적 성향을 강화해 나가는 동안, 반대파들은 8월 19일 모스크바에서 고르바초프 반대 세력의 쿠데타에 대한 감사후르지아의 태도를 공격의 빌미로 삼았다.[1] 9월 2일 야당 지도자들은 집회를 갖고 쿠데타 기간 중의 대통령의 행동에 대한 설명을 요구했지만, 대통령에 충성하는 비밀경찰 부대

〈1〉역주: 1981년 8월 19일 고르바초프가 크림에서 휴가 중인 것을 틈타 신연방조약안에 불만을 품은 보수파들이 쿠데타를 일으켰으나 3일 만에 진압됨

가 집회를 해산했다. 대통령의 해산 명령을 받은 국민방위대(National Guard)는 명령을 따르지 않고 르코니Rkhoni 계곡으로 이동해 들어갔다. 반정부 시위는 계속 이어졌고, 반대파에 가담하는 국민방위대 병사들도 늘어났다. 9월 21일에는 반정부연대가 결성되었고, 이 단체에 가담한 인사의 상당수는 감사후르지아와 이전에 '원탁회의'에서 활동하다가 그의 비행에 반기를 든 사람들이었다. 소수 세력으로 남아있던 공산당도 의회에서 축출되어 반대 진영에 가담하였다.

1991년 가을 대통령 진영과 반대파 진영의 대립은 거의 돌아올 수 없는 선을 넘어섰고, 양측의 화해의 가능성은 거의 없었다. 소련 체제에 대한 적대감이 극에 달했던 감사후르지아는 두다예프Jokhar Dudaev가 주도하는 북코카서스 체첸의 분리독립을 지원했다. 11월 18일 그는 방송을 통해 "우리는 (소련) 제국에 전쟁을 선포하고 전코카서스 반제국주의 전선을 세울 것이다."라고 선언했다. 감사후르지아는 12월 초 소연방이 해체되었을 때 새로 독립한 11개 공화국이 참여한 '독립국가연합(CIS, Commonwealth of Independent States)'에 참여하는 것도 거부하여 조지아의 고립을 심화시켰다.

감사후르지아는 합법적 선거로 당선된 대통령이라는 점과 대중적 인기를 무기로 삼았지만, 반대파는 그를 민주주의를 파괴하고 조지아를 민족 분규와 내란으로 이끈 독재자로 낙인찍었다. 12월 22일 반대파는 의회건물에 대한 무장 공격을 개시하였다. 감사후르지아는 공격 당시 의회건물 지하 벙커에 몸을 피하고 있었다. '소련'의 군대는 이 내란에 간섭을 하지 않았다. 양측의 교전으로 2명이 사망했고, 탱크들이 트빌리시의 거리를 질주했다. 1991년 1월 2일이 되자 반내파가 진투의 주도권을 장악하여 정치범들을 석방하고, 감사후르지아 정부를 대체할 군사평의회(military council)를 설립했다. 다음날 감사후르지아를 지지하는 시민들이 대규모 시위를 벌이자, 반대파는 시위대에 총격을 가하여 2명이 사망하고 25명이 부상을 입었다. 1월 6일 감사후르지아는 의회 건물을 빠져나와 아제르바이잔으로 피신했다. 그는 서부 조지아의 사메그렐로Samegrelo에서 지지자들을 규합하고, 이후에는 조지아 내의 은신처나 체첸에서 자신의 병력들을 지휘했다.

반대파는 자신들의 약한 정당성을 강화하기 위해 모스크바에서 셰바르나제를 불러왔다. 셰바르나제는 1990년 12월 소련 외상직에서 물러난 후 감사후르지아를 대신할 지도자로 여겨지고 있었다. 3월 초 트빌리시에 도착한 셰바르나제는 며칠 후 국가평의회(State Council)의 의장으로 임명되었다. 그가 해야 할 일은 여러 정파의 입장을 조정하고 국가적 화해를 이룩하는 것이었다. 소련 외무장관으로 쌓아올린 국제적 지명도로 인해 그가 조지아에 평화를 가져올 것이라는 기대감이 국내외에 크게 퍼졌다. 셰바르나제는 신중하게 민족주의 진영 내의 여러 정파의 대립을 조정하고 비조지아계 소수민족들과의 투쟁을 종식시킬 수 있는 방법을 찾았다. 조지아 내에 권력 기반을 가지고 있지 않던 그는 자신을 불러준 감사후르지아의 반대파인 요셀리아니Ioseliani, 키토바니Kitovani, 시구아 등과 임시 연대를 구성하였다. 1992년 11월 셰바르나제는 이전의 공산주의자의 이미지를 탈피하기 위해 자신이 세례를 받았고, 세례명이 기오르기이며 자신의 사무실에는 성모마리아 성상화가 걸려 있다고 고백하기도 했다.

성격이나 경력 모든 면에서 셰바르나제는 감사후르지아와 대척점에 서는 대중적 지도자였다. 1928년 서부 조지아 마마티 Mamati에서 태어난 셰바르나제는 교사이고 공산당원이었던 아버지 밑에서 자랐다. 그는 타고난 화해자이며 조정가였다. 그의 자서전에 보면 어린 시절 멘셰비즘에서 공산주의자로 변신한 아버지와 아직 멘셰비즘을 신봉하는 삼촌 사이의 논쟁을 회상하는 부분이 나온다. 그는 "이것은 한 가족 내에 다당제가 존재하는 것과 같았다. 가족구성원 간에 다른 정치적 견해가 있었어도 가족은 화목했다. 나는 한쪽 편을 들어보려고 노력했지만, 아버지와 삼촌 모두를 똑같이 사랑하고 있어서 어느 한 쪽을 택할 수가 없었다."라고 회상했다. 셰바르나제의 가족은 소련 체제로부터 박해도 당하고 혜택도 입었다. 원래 멘셰비키였다가 1920년대 볼셰비키로 전향한 아버지는 1937년 대숙청 물결에 휩쓸려 비밀경찰에 체포되었지만, 제자였던 비밀경찰 간부가 힘을 써서 처형을 면했다. 공산당 소년 조직인 피오네르(pioner)의 지도자였던 셰바르나제는 일시적 불이익을 받았지만 공산주의를 계속 신봉했다. 그의 형은 2차 대전에 참전하여 전사하였다. 1948년 그는 공산당에 가입하였고, 대학에서 잠시 의학을 공부하다가 공산당 청년조직 콤소몰(Komsomol)의 정치 교사 역할을 맡으면서 당 경력을 시작하였다. 셰바르나제는 때로 계산된 모험을 택하기도 하여 1956년 흐루시초프의 스탈린 격하 운동 후 발생한 시위에 대한 강제진압에 반대하였다. 이러한 부주의한 행동에도 불구하고 그는 며칠 뒤 콤소몰 중앙위원으로 선발되었다. 그는 다른 공산당 출세 인사들과 마찬가지로 후견인의 덕을 많이 보았다. 그는 조지아 공산당 1서기였던 므자바나제의 눈에 들어서 공안기관 2인자 자리에 올랐고, 곧이어 내무장관에 임명되었다. 셰바르나제는 브레즈네프의 눈에도 들었다. 므자바나제가 실각하자 브레즈네프는 1972년 셰바르나제를 조지아 당 제1서기에 임명했다.

1992년 3월 준비 없이 조지아의 정치 한복판에 뛰어들게 된 셰바르나제는 조지아인들 내부의 유혈 대립과 조지아인과 압하지아인 사이의 분쟁을 쉽게 해결할 수 없었다. 감사후르지아가 조종하는 무장세력은 1992년과 1993년 계속 트빌리시 정권에 대항을 하였고, 1992년 5월과 6월에는 소위 '즈비아드주의자들(Zviadists)'이 트빌리시에서 준동하여 시내에서 전투를 벌였다. 7월에는 압하지아 지도자 아르진바Vladislav Ardzinba가 압하지아의 독립을 선언했다. 이런 혼란 속에 한 달 뒤에는 5개 무장단체가 서로 총을 겨누는 다면전이 발발했다. 감사후르지아 추종세력은 셰바르나제에 충성하는 부대와 싸웠고, 압하지아인들은 북코카사스의 병력의 도움을 받으며 조지아인들과 전투를 벌였다. 러시아 부대도 내전에 간섭을 하여 철도를 장악하였다. 조지아의 급진 민족주의자들이 추방하려 했던 약 7만 명의 아르메니아인, 그리스인과 압하지아의 여러 소수민족들이 전쟁의 포화 속에 갇혀버렸다. 9월에는 러시아 군대가 압하지아 문제에 직접 관여하여 옐친과 셰바르나제의 관계가 악화되었다. 대다수 조지아인들은 러시아가 셰바르나제 정권에 곤경을 가져오기 위해 압하지아를 돕고 있다고 믿었다. 10월 초 압하지아가 러시아가 중재한 휴전 협정을 깨고 러시아와의 경계지역에 있는 가르가Garga를 점령하자, 조지아는 이

▲에두아르드 셰
바르나제

도시를 탈환하기 위해 총공격을 가할 것이라
고 위협했다. 셰바르나제는 후에 자서전에서
이 당시 아무 해결책을 찾을 수 없었기 때문에
대통령직을 사임할 것을 심각하게 고려했다고
회고했다.

감사후르지아 반대 진영의 연대도 곧 분열
되기 시작했다. 키토바니와 요셀리아니는 모
두 자신의 무장세력을 가지고 있었지만, 이들
은 자신의 추종자들을 완전히 통제하지 못했
다. 국가평의회는 감사후르지아를 광인으로
낙인찍고 조지아의 분열을 가져온 사람으로

비난하며 대중적 지지 기반을 넓히려고 노력하였다. 동시에 비조지아
계 주민에 대한 압박을 완화하고, 언론의 자유를 넓히고 군소정당들
을 등록시키고 의회 선거에 준비했다. 처음에 셰바르나제는 이전의
공산주의자들로 구성된 '평화당'의 후보로 출마하려 하였으나, 결국은
무소속으로 국회의장직에 도전하기로 했다.

1992년 10월 11일 투표자들은 셰바르나제를 89%의 지지율로 당
선시킴으로써 1년 반 전 감사후르지아에게 주었던 절대적 정치적 위
임을 주었다. 투표율은 약 60%였다. '평화당'은 35석을 차지하여 제
1당이 되었고, '10월 11일당'과 '시민전선'이 19석을 차지하여 공동 2
위를 차지하였고, 아프카니스탄 전쟁 참전용사와 예술가, 영화가들의
느슨한 연대인 '통합당'과 찬투리아의 '민족민주당'이 각각 15석을 차
지하였다. 이전의 공산당 간부들이 이 선거를 통해 다시 정치무대에

에두아르드 셰바르나제(Eduard Amvrosiyevich Shevardnadze)
(1928년 1월 25일-2014년 7월 7일)

셰바르나제는 1972년부터 1985년까지 조지아 공산당 제1서기를 맡아 조지아를 이끌었고, 고르바초프에 의해 소련 외무장관으로 발탁되어 1985년부터 1991년까지 고르바초프의 '신사고 외교'를 주도했다. 1995년에 조지아 2대 대통령으로 취임하여 2003년 '장미혁명'으로 대통령직에서 물러났다.

셰바르나제는 1928년 1월 조지아의 마마티Mamati에서 태어났다. 아버지 암브로스 셰바르나제는 교사였고, 헌신적인 공산당원이었다. 러시아 혁명 기간 중 멘셰비키였다가 후에 볼셰비키로 전향한 암브로스는 스탈린 대숙청 때 체포되는 위기를 맞았으나 제자인 NKVD 간부의 도움으로 숙청을 면했다. 셰바르나제의 어머니는 남편과 아들의 공산당 활동에 반대하는 입장을 보였다고 한다.

에두아르드 셰바르나제는 20세가 되던 해 공산당에 가입하여 청년조직인 콤소몰Komsomol에서 당료 생활을 시작했다. 1950년 당료로서 경력을 쌓은 셰바르나제는 콤소몰의 제1서기에까지 올랐다. 셰바르나제는 콤소몰 간부로 활동할 당시, 조지아와 인접한 스타브로폴Stavropol의 콤소몰 간부였던 고르바초프와 처음 친분을 쌓은 것으로 알려져 있다. 셰바르나제는 1963년 트빌리시 구區의 제2서기가 되었고, 상사인 1서기를 부패혐의로 고발하여 해직시켰다. 반부패 운동으로 소련 정부의 주목을 받은 셰바르나제는 1964년 조지아의 내무차관에 임명되었고, 1965년 내무장관으로 승진했다. 당시 조지아는 소련의 공화국 중에서 가장 부패가 심한 곳 중 하나였다. 므자바나제가 당 제1서기를 맡고 있는 동안 조지아에는 엽관주의와 뇌물공여가 광범위하게 퍼져 있었고, 경제는 낙후되어 있었다. 셰바르나제는 조지아 당 제1서기인 므자바나제를 부패 혐의로 수사하여 낙마시켰다. 1972년 조지아 당 제1서기에 오른 셰바르나제는 적극적인 부패 추방 운동을 벌였고, 경제 개혁 정책을 펴서 조지아의 경제 성장을 이끌었다. 1974년 조지아의 경제성장률은 9.6%에 달했고, 농업생산은 18%나 증가했다. 셰바르나제가 아바샤 Abasha에서 시작한 소위 '아바샤 농업개혁'은 조지아 전역으로 확대 실시되었다. 헝가리의 농업개혁 운동을 모방한 이 정책은 지방에 좀 더 많은 정책결정권을 주고, 목표량을 초과 생산한 농민들은 잉여 농산물을 처분할 권리를 받았다. 이 개혁정책은 1982년 소련 전체의 농업 개혁 모델로 채택되었다. 셰바르나제는 정치행정 분야에서도 민주화 개혁정책을 폈다. 조지아 당중앙위원회는 수시로 여론 조사를 하여 민의를 파악했고, 지도부는 주민들과 직접 소통을 강화했다. 셰바르나제는 자주 TV에 나와 정책을 직접 설명했다. 그러나 셰바르나제는 과도한 민족중심주의는 조지아의 발전에 장애가 된다고 역설했다. 1978년 조지아 헌법 개정 시 조지아어가 공화국의 유일한 공식언어 지위를 상실하자 이에 반대하는 격렬한 데모가 일어났는데, 셰바르나제는 처음에는 시위를 탄압하다가 민의를 받아들여 조지아어가 다시 유일한 공식 언어의 지위를 찾도록 했다. 셰바르나제는 당 제1서기 재임 중 압하지아 분리운동을 처리하느라 애를 먹었다. 압하지아 지도부는 브레즈네프에게 직접 호소하여 조지아로부터의 분리를 인정받으려고 했고, 압하지아 대학교 설립에 성공했다. 압하지아 분리독립 운동은 셰바르나제가 조지아 대통령으로 재임하는 동안 내전으로 발전되어 많은 주민이 희생되었다.

셰바르나제는 1976년 소련 공산당 중앙위원이 되었고, 1978년 정치국 준회원으로 승진하였다. 외교에 거의 경험이 없는 셰바르나제는 1985년 고르바프초프에 의해 소련 외무장관으로 임명되어 '신사고 외교'를 주도하다가 1990년 외무장관직에서 물러났다.

등장했다. 전 당 제1서기였던 파티아쉬빌리는 므크쉬케타 지역에서 당선되었고, 쿠타이시, 코비Kobi, 텔라비의 이전 공산당 지도자들도 의회에 진출했다. 비조지아계 인사들도 당선되었다.

셰바르나제 정권과 장미 혁명

대통령에 당선된 셰바르나제가 가장 먼저 해결해야 할 문제는 압하지아 문제였다. 1992년 8월 4일 조지아가 1921년의 헌법을 다시 채택하면서 자치권을 잃게 된 압하지아인들은 격분했다. 압하지아인들은 압하지아를 독립공화국으로 인정한 1925년 소련 헌법의 복원을 주장했다. 셰바르나제가 협상을 위해 내무장관을 수쿠미에 파견했을 때,

▼ 압아지아와 남오
세티아

압하지아인들은 대표단을 인질로 잡았다. 셰바르나제는 압하지아를 통과하여 러시아와 조지아를 연결하는 철도를 보호한다는 명목으로 3,000명의 병력을 압하지아에 파병하였다. 8월 14일 압하지아는 군대 동원령을 내렸다. 조지아는 해병대를 파견하여 요충지인 가르가를 점령하여 압하지아와 러시아의 연결을 차단하였고 수쿠미의 의사당을 포위했다. 조지아 인질들이 풀려나면서 조지아 부대는 철수하였지만 키토바니Kitovani 장군을 수쿠미의 위수사령관으로 임명했다. 아르진바 대통령이 이끄는 압하지아 정부는 러시아군 부대가 있는 북부의 구다우타Gudauta로 철수하고, 북코카사스 민족들에게 도움을 요청했다. 이에 대한 반응은 즉각 일어났다. 체첸인들이 압하지아를 도우려 내려왔고, 러시아 코자크들도 압하지아의 구원병으로 내려왔다. 10월이 되자 조지아군은 가르가에서 퇴각하여 수쿠미로 내려왔다. 키바니는 압하지아의 소중한 유산과 재산들을 무차별적으로 파괴했다. 고문서, 도서관, 연구소, 식물원들이 조지아군에 의해 파괴되었다. 아르진바가 이끄는 압하지아 지도부는 실각하고 무장세력이 실권을 잡았다. 러시아군은 무장세력에 무기와 기타 장비를 공급했다. 압하지아에서 암살위기를 넘긴 셰바르나제는 크게 당황하여 아자리아Ajaria의 지도자인 이슬람인 아바시제Alan Abashidze를 부통령으로 임명했다. 10월 11일 선거 후 조지아의 과열된 민족주의 열풍에 고무되어 압하지아로 간 수백 명의 젊은이들이 죽임을 당했다. 조지아군은 58명의 압하지아 난민이 탑승한 헬리콥터를 격추시켰다. 옐친대통령은 조지아가 CIS에 가입하면 중재에 나서겠다고 했지만, 조지아의 민족주의진영은 이를 받아들일 수 없었다. 부트로스 갈리Boutros Boutros-

Ghali 유엔사무총장은 감시단을 파견할 용의가 있다고 밝힌 것 외에 다른 조치를 취하지 않았다. 압하지아 민병대보다 병력과 탱크가 두 배가 되는 조지아군은 수쿠미에서 퇴각했다. 1993년 4월 29일 헬리콥터 추락 사고에서 살아남은 셰바르나제는 군지휘관들에게 책임을 물어 키토바니 장군을 해임하고, 27살밖에 되지 않은 흰색독수리(White Eagles)부대 지휘관인 콰르콰라쉬빌리Griogi Qarqarashvili 대위를 군지휘관으로 임명했다. 5월 20일 옐친의 중재로 휴전이 성립되어 압하지아는 어느 정도 자치권을 되찾았고 조지아군은 압하지아에서 철수했다.

조지아군이 떠나자 압하지아 민병대가 보복에 나섰다. 이들은 수쿠미 근처의 밍그렐리안 부족이 대부분을 차지하는 조지아인들의 부락을 공격했다. 카마니Kamani 마을에서는 여자들과 아이들도 잔혹하게 고문당하고 살해당했다. 조지아와 압하지아 양측은 교환하기로 했던 포로들도 살해하는 잔혹행위를 저질렀다. 압하지아에 거주하는 22만 명의 조지아인이 압하지아를 탈출했고, 상당수는 산악 지대에서 기아와 추위로 죽었다. 수쿠미에 남아있던 셰바르나제는 러시아가 보낸 비행기를 타고 수쿠미를 탈출하여 트빌리시로 돌아왔다. 그는 탈출 전 조지아의 CIS가입을 약속했다. 압하지아 내전으로 1년 6개월 기간 동안 약 15,000명의 성인남녀와 어린이들이 사망했다. 약 백만 명의 조지아인들이 조지아를 떠나 러시아와 우크라이나에 정착했고, 압하지아와 오세티아로부터 약 25만 명의 난민이 트빌리시로 몰려들었다.

9월 중순 조지아군이 밍그렐리아의 즈비아드주의자들과 소통하면

서 압하지아-조지아의 세 번째 무력 충돌이 발생했다. 압하지아 민병 대는 난민을 태운 두 대의 비행기를 격추시켰고, 폐허가 된 수쿠미시 를 다시 점령했다. 러시아 군함들은 흑해를 봉쇄하여 바다를 통한 조 지아군의 이동을 막았다. 1993년 12월 1일 3차 휴전협정이 발효되었 을 때, 조지아군은 스반Svan족이 사는 고도리Kodori 계곡의 상부 지 역만을 장악했다. 그러나 교전 기간 중에도 잉구리Inguri 수력발전소 는 양측이 공동으로 운영하는 등 민간 부문의 협력은 완전히 단절되 지 않았다.

1993년 9월 23일 체첸으로 피신했던 감사후르지아가 다시 나타나 면서 밍그렐리안의 반란이 다시 점화되었다. 그는 주그디디Zugdidi를 수도로 정하고 밍그렐리아의 독립을 요구했다. 그가 이끄는 반란군 은 조지아군이 버린 무기를 이용하여 포티를 점령하고 동쪽으로 진격 해 왔다. 러시아는 셰바르나제에게 2,000명의 병력과 무기를 제공했

▲내전으로 파괴된
수쿠미 중심부 건물

다. 셰바르나제는 요세랴니Ioseliani의 민병대를 해산시키지 않고 감사후르지아의 반란군과 싸우게 했다. 11월 6일 주그디디가 점령되고, 1994년 1월 1일 감사후르지아가 자살한 것으로 공표되었다. 그러나 후일 조사에 의하면 그는 등에 총을 맞았고, 러시아 특수부대에 의해 사살된 것으로 추정되었다.

연속적으로 위기를 맞은 셰바르나제는 다시 러시아에 기울 수밖에 없었다. 1994년 2월 3일 옐친대통령은 트빌리시를 방문하여 경제, 군사, 정치적 도움을 약속하고, 핵무기와 화학무기 제거도 돕기로 했다. 1994년 체첸의 분리운동에 당황한 러시아정부는 조지아가 압하지아와 남오세티아를 다시 병합하는 것을 묵인했다. 1994년 정식 휴전협정이 모스크바에서 체결되었다. 조지아와 압하지아, 조지아와 남오세티아에 각각 비무장지대가 설치되었고, 주로 러시아군으로 이루어진 2,500명의 순찰 병력과 136명의 유엔감시단이 파견되었다.[2]

셰바르나제는 러시아와 서방카드를 동시에 사용하였다. 소련의 마지막 외무장관으로서 서방의 신뢰를 쌓은 셰바르나제는 이 자산을 충분히 활용했다. 미국의 클린턴 행정부도 부시 정권의 우호적 태도를 이어갔지만, 압하지아와 남오세티아 문제에 직접 개입하지는 않았고, 단지 분리주의자들의 비타협적 태도만 비난하였다. 마침 미국의 합참의장이 된 존 샬리카쉬빌리John Shalikashvili의 아버지 드미트리 샬리카쉬빌리Dimitri Shalikashvili는 1918-1921년 조지아공화국의 대령이었고, 후에 폴란드군에 복무했다. 유럽 국가들은 주로 재정, 기술적 원조를 제공했다. 독일의 헬무트 콜 정부는 재건사업을 위한 재정지원을 제공했다. 영국은 지뢰제거를 위한 원조를 제공했고, 프랑스는 브랜디와 담배 공장 재건을 도왔다. 터키는 조지아의 고철을 수입함으로써 경제 재건을 도왔다. 그러나 트빌리시의 혼란과 치안 불안은 외국 투자가들의 발길을 막는 역할을 했다.

1994년 셰바르나제가 친러시아 노선을 취하자 20만 명의 시민들이 이에 항의하는 시위를 하였다. 므케드리오니Mkhedrioni 부족은 징병제에 응하지 않았고, 셰바르나제는 밍그렐리아 반군의 거점인 숲을 제거하기 위해 러시아의 도움을 요청해야 했다. 여러 정부 요인들에 대한 암살 시도가 있었다. 장관 몇 명과 갱단 두목들이 차량 폭탄이나 총격으로 사망했다. 12월 3일은 대표적 야당인사인 찬투리아Gia Chanturia가 대중 연설을 시작하기 직전 암살당했다. 1995년 초에는 여러 명의 군지휘관들이 암살당했다. 누가 누구의 암살을 교사했는지 알 수가 없을 정도로 혼란은 극에 달했다. 셰바르나제는 질서와 치안을 유지하기 위해 노력했다. 그는 압하지아에 대한 공격을 준비하고 있던 키토바니를 체포하고, 요셀라니도 체포한 후 그의 민병대를 해산시켰다. 체첸과 전쟁 중이던 러시아는 조지아 산악지역을 후방기지로 이용하고 있는 체첸게릴라 소탕전에 조지아를 끌어들이려고 했다. 셰바르나제는 러시아의 요구에 굴복하여 1995년 9월 러시아에 조지아 내의 군기지를 25년 간 사용할 수 있는 권한을 부여해 주었다.

1995년은 조지아가 바닥까지 떨어졌다가 다시 살아난 해라고 볼수 있다. 8월 29일 마지막 암살 위기를 넘긴 셰바르나제는 친서방 정책으로 회귀했다. 셰바르나제의 정적들은 모두 죽었거나, 감옥에 있거나 러시아로 망명했다. 셰바르나제는 친서방 정책을 펼쳤다. 1995년 헌법 개정에서는 1921년 헌법을 버리고 대통령의 권한을 강화하고 의회의 권력을 약화시켰다. 아르메니아계와 유대인 피가 섞인 쥬바니아Zurab Zhvania가 셰바르나제의 집권당인 '조지아시민연맹(Union of Georgian Citizens)'을 이끌었다. 여성 정치인 니노 부랴나제Nino Burjanadze는 아버지의 부와 러시아 인맥을 활용하여 주요 정치인으로 부상했다.

1995년 11월 치러진 대통령선거에서 셰바르나제는 74%의 득표로 재선되었다. 쥬바니아가 국회의장을 맡았고, 부랴나제는 법사위원장을 맡았다. 폭력이나 강압 대신 금권 조작이 나라를 통치하는 주요 수단이 되었다. 임시화폐 쿠포니(kuponi)를 대신한 새 화폐 라리(lari)는 자리를 잡았지만, 세수 시스템은 정착이 되지 않았고, 국민들이 세금을 납부할 동기도 마련하지 못하였다. 정부 재정은 중세식으로 주요 직책을 매관매직하는 방법으로 채워졌다. 대사 자리는 10만 달러, 군수는 5만 달러, 교통경찰은 5천 달러만 내면 자리를 얻을 수 있었다. 돈을 주고 자리를 산 사람들은 자산 거래, 밀매, 범죄자 석방, 벌금 징수 등의 방법으로 투자한 돈을 회수하였다. 전기와 가스 공급은 도시 지역에서 자주 끊겼고, 시골 지역은 아예 없었다. 수력발전소를 수리할 돈도 러시아 가스대금을 지불할 재원도 없었다. 가스와 전기 사용자들은 사용요금을 내기보다는 검침원에게 뇌물을 주고 대금을 지불하지 않았다. 도처에 부패가 만연했다. 연료나 식량 구입에 쓰여야 할 수백만 달러의 돈이 정부 관리의 개인구좌로 들어갔다. 셰바르나제 가족도 부패에 휩싸여 있었다. 대통령의 조카인 누그자르Nugzar는 카지노를 운영하면 돈세탁 대가로 10%의 수수료를 받았다. '합법적인 도둑(thieves in the law)'과 구별이 되지 않는 '사업가들(businessmen)'이 독점권과 부동산 거래권을 얻었다. 경찰은 공항으로 들어오는 사업가들을 납치하여 판키시 계곡(Pankisi gorge)에 암약하는 체첸게릴라들에게 되팔았다.

이런 상황에도 불구하고 유럽과 미국은 도움의 손길을 아끼지 않았다. 조지아는 국민 일인당 외국원조액 수령액이 다른 어느 나라보다 많았다. 국제통화기금(IMF)과 유럽부흥개발은행(EBRD, European Bank for Reconstruction and Development)이 수천만 달러의 차관을 제공했다. 포티항과 바쿠-숩사Supsa 가스관 연결 사업은 성공적으로 끝났다. 특히 송유관 건설 사업은 바쿠에서 시작하여 트빌리시를 거쳐 터키의 세이한에 이르는 BTC(Baku-Tbilisi-Ceyhan) 송유관 사업의 토대가 되었다. 조지아를 중개지점으로 중국과 유럽을 잇는 고대 실크로드를 복원하는 사업도 원조자금을 끌어들이기 좋은 프로젝트였으나, 조지아 단독으로 완성할 수 있는 사업은 아니었다. 이모든 경제 부흥 프로젝트와 개선된 사회, 치안 환경은 셰바르나제 정권의 공적으로 돌려졌다. 무장폭력배는 도시에서 사라지고, 야간에도 조명으로 거리가 안전해지고, 주로 외국인 대상 서비스분야에 한정되기는 하였지만 고용 사정도 호전되었다. 외국의 원조를 계속적으로 받기 위해 형식적이기는 해도 부패척결 운동이 벌어졌다. 의회는 석유와 곡물 수입으로 이익을 얻고 있는 장관들을 비난했고, 정부는 관리들의 부패를 막기 위해 법률개정도 시도했다.

1997년 2월 셰바르나제는 프랑스와 브뤼셀의 NATO 본부를 방문하여 조지아의 NATO 가입 의사를 밝혔다. 러시아의 두마는 이에 대한 대응으로 대표단을 조지아 의회에 파견하여 러시아군의 주둔 연장이 더 바람직한 정책이라고 설득했다. 1997년에는 우크라이나, 아제르바이잔, 몰도바와 함께 GUAM(Georgia, Ukraine, Azerbaijan, Moldova의 첫 글자를 땀. 정식 명칭은 Organization for Democracy and Economic Development)을 결성했다.

1998년 내전의 마지막 불꽃이 일어났다. 2월 9일 셰바르나제의 차량 행렬에 대한 로켓트포 공격으로 경호원 두 명이 사망했고, 셰바르나제는 경미한 부상을 입었다. 5월에는 게릴라부대들이 밍그렐리부족들이 거주하는 압하지아의 갈리Gali 지역을 공격했다. 10월에는 즈비아드주의자인 대령이 이끄는 부대가 쿠타이시를 공격하려 했으나 격퇴 당했다. 이러한 혼란이 있었지만 조지아는 독립 이후 가장 안정된 시기를 맞았다. 1998년 경제 위기에 처한 러시아는 협상에 동의하여 1999년 4월 트빌리시 인근과 수쿠미 인근의 러시아군부대를 철수시켰다. 셰바르나제는 이러한 기회를 이용하여 공개적으로 친서방 정책을 추구했다. 서방 군사전문가들은 조지아 내에 남겨진 구소련의 핵무기를 얻었고, 클린턴 행정부는 조지아가 NATO에 가입하는 절차와 일정을 논의하기 시작했다. 조지아군은 미국의 군사교관과 장비를 받아들였다.

조지아는 여러 나라에 적극적 외교 접근을 시도하였다. 조지아는 이스라엘에 적극 접근했다. 조지아는 이스라엘과 마찬가지로 높은 교육수준과 농민들, 군인들의 나라이고, 2천 년의 기독교 역사를 가지고 있고, 적대적인 국가들에 둘러싸여 있으며 유대인 주민들에게 이중국적을 허용한다는 점을 내세워 제2의 이스라엘이 되고자 하는 꿈을 가지고 있었다. 이스라엘은 무기를 제공했고, 비즈니스맨들도 조지아

투자에 적극 관심을 보였다. 다음으로 이란과의 관계도 크게 개선되었다. 페르시아 왕조와의 역사적 유대와 페레이단Fereidan 지역에 집중적으로 거주하는 조지아어를 사용하는 2만 명의 이란계 주민이 연결고리가 되었다. 조지아는 이란과 서방을 연결하는 중개자가 되었다. 러시아가 에너지 공급을 끊으면 매번 이란이 대신해서 에너지를 공급해 주었다. 터키와 아르메니아는 1915년 학살문제를 놓고 대립하며 거의 관계가 끊어졌지만, 터키는 조지아를 통해서 아제르바이잔과 카스피해에 접근할 수 있었다. 1999년 환경보호주의자들의 반대가 무마되고 바쿠-트빌리시-세이한 송유관 공사가 시작되었다. 이 송유관은 유럽 국가들이 러시아를 통하지 않고 카스피해에 연결될 수 있는 길을 열어주었다. 농업과 산업이 제대로 운영되지 않던 조지아는 송유관 통과료로 새로운 수입을 얻게 되었다. 이러한 변화로 인해 시민생활과 경제생활도 어느 정도 정상으로 돌아왔다. 1999년 총선이 실시되었고, 2000년 대통령선거가 치러졌다. 셰바르나제는 스스로 고른 약한 공산당 후보를 상대하였기 때문에 쉬운 선거였지만, 선거 결과는 많이 조작되었다. 실제 투표율은 법이 정한 유효투표율인 50%에 미치지 못한 것으로 추정되었는데, 공식 발표는 76%의 투표율에 80%의 득표로 셰바르나제가 당선된 것으로 나왔다.

러시아에 푸틴 정권이 들어서며 러시아와의 관계는 급격히 변하기 시작했다. 1999년 10월 체첸 전쟁을 시작한 푸틴은 조지아가 판키시 계곡을 체첸반군의 후방 기지로 사용하게 하고 있다고 비난했다. 조지아인들은 판키시 계곡에 거의 접근하지 않기 때문에 이러한 비난은 근거가 없었다. 푸틴은 유럽안보협력기구(OSCE)가 조지아를 지원해서

체첸과 다게스탄과의 국경 경비를 강화하도록
요청함과 동시에 몇 가지 보복적 조치를 취했
다. 2000년 12월에는 조지아와의 무비자입국
협정을 취소하고, 압하지아와 남오세티아 문
제에 대한 중립적 정책을 수정했다. 러시아는
두 지역의 주민들에게 러시아 여권을 발급하
고 사람과 물자의 자유로운 통행을 허락했다.
또한 압하지아와 남오세티아의 조지아와 밍그
렐리아 주민, UN감시단에 대한 공격을 묵인
했다. 러시아로부터의 가스와 석유공급도 자
주 중단되었다.

▲미혜일 샤카슈
빌리

셰바르나제는 수감 중이던 키토바니와 요셀라니를 석방했다. 그러
나 쥬바니아는 셰바르나제를 실각시킬 준비를 했다. 그는 미국에 체
류 중이던 샤카슈빌리Mikheil Saakashvili를 귀국하게 해서 2000년
10월 법무장관을 맡게 했다. 샤카슈빌리는 NGO의 지원을 무기로 부
패 척결에 나서며 셰바르나제 측근과 갈등을 빚었다. 보안장관과 트
빌리시 경찰 책임자에 대한 수사를 벌이던 샤카슈빌리는 2001년 9월
법무장관직을 사임했다. 2001년 9월 11일 알카에다의 미국 테러 공격
으로 러시아와 미국은 반테러전쟁에 손을 잡았다. 푸틴은 판키시 계
곡에 국제적 테러리스트들이 은신해 있다고 비난했다. 셰바르나제는
급히 미국으로 날아가 미국의 반테러전쟁에 동참할 뜻을 밝혔지만,
국내에서는 내무장관 타르가마제Kakha Targamadze와 보안장관 쿠
타텔라제Vakhtang Kutateladze가 판키시 계곡의 체첸게릴라를 공격

미헤일 샤카슈빌리(Mikheil Saakashvili)
(1967년 12월 21일 생)

미헤일 샤카슈빌리는 1967년 12월 트빌리시에서 태어났다. 아버지 니콜로즈Nikoloz 샤카슈빌리는 의사였고, 어머니 기울리 알라사니야Giuli Alasania는 트빌리시대학교의 역사학 교수였다. 샤카슈빌리는 1992년 키예프 국립대학 산하 국제관계대학(Kiev Institute of International Relations)을 졸업하였다. 대학에서의 전공은 국제법이었다. 그는 대학 재학 중 한 대학에서 같이 수학하던 현 우크라이나 대통령 페트로 포로센코Petro Poroshenko와 친분을 맺었다. 샤카쉬빌리는 대학 재학 중인 1989-1990년 소련국경수비대로 군 복무를 하였는데, 키예프의 보리스폴Borispol국제공항이 그의 복무지였다. 샤카슈빌리는 대학 졸업 후 잠시 조지아의 인권관련 기관에서 근무했고, 미국 국무성이 제공하는 머스키Edmund Muski 장학금을 받고 콜럼비대학교 법대에 입학하여 1994년 법학석사학위LL.M.를 받았다. 이후 계속 조지워싱턴대학교 법대에서 수학하였고, 1995년에는 스트라스부르그의 국제인권대학(International Institute of Human Rights)에서도 학위를 받았다. 샤카슈빌리는 UN본부와 미국 법률회사(Patterson Belknap Webb & Tyler)에서 잠시 인턴 생활을 하기도 했다. 셰바르나제로부터 정치 입문을 권유받은 오랜 친구인 주라브 쥬바니아Zurab Zhvania의 권유로 조지아로 돌아와 1995년 12월 치러진 총선에서 셰바르나제의 집권당 후보로 출마하여 국회의원에 당선되었다. 샤카슈빌리는 2000년 10월 셰바르나제에 의해 법무장관에 임명되어 형사제도 및 형무소 개혁 작업에 착수하여 큰 성과를 거두었다. 적극적인 부패 척결 운동을 벌이던 중 안보장관인 쿠타테라제Kutateladze와 트빌리시 경찰청장 알비제Alavidze와 충돌하게 된 샤카슈빌리는 2001년 9월 사임하며 '더 이상 셰바르나제 정부에 남아있는 것은 부도덕한 일'이라며 반부패, 반정부 운동에 나설 것을 선언하였다. 10월 샤카슈빌리는 중도우파 민족주의를 표방하는 '통합민족운동(United National Movement)'을 창당하였다. 2002년 6월 샤카슈빌리는 조지아 노동당과의 연정으로 트빌리시 시의회 의장직을 맡았다. 광범위한 부정행위가 치러진 것으로 알려진 2003년 11월 총선에서 샤카슈빌리는 출구조사를 근거로 선거 승리를 선언하고, 시민들에게 부정선거 규탄 시위에 나설 것을 촉구하였다. 샤카슈빌리와 '민주주의 자연합(Democrats United)'을 이끌던 여성 정치인 니노 부르쟈나제Nino Burdjanadze는 셰바르나제의 사임과 총선 재실시를 요구하며 민중 시위를 주도했다. 한 달 이상 대규모 반정부 시위가 계속되어 11월 23일 셰바르나제는 대통령직을 사임하고 부르쟈나제를 수반으로 하는 임시정부가 들어섰다. 2004년 2월 24일 치러진 선거에서 샤카슈빌리의 '통합민족운동'과 부르쟈나제의 '민주주의자연합'은 압승을 거두고 '민족운동-민주주의자(NMD, National-Movement-Democrats)'라는 통합당을 창설했다. 총선에 앞서 1월 4일에 치러진 대통령 선거에서 샤카슈빌리는 투표자 96%의 지지를 얻어 대통령에 당선되었다. 니노 부르쟈나제는 샤카슈빌리 정부에서 국회의장을 맡았다.

2013년 10월 대통령직에서 물러난 샤카슈빌리는 미국의 보스톤대학에서 강의를 하다가, 대학 때부터 친구인 우크라이나 포로센코 대통령의 권유로 2015년 5월부터 우크라이나 오데사의 주지사를 맡고 있다.

하여 이들을 고도리 계곡 상부로 이동하게 만들었다. 체첸게릴라들은 이곳을 발판으로 압하지아를 공격했다. 러시아 공군도 판키시 계곡을 폭격했다. 미국은 경제 원조를 3배 늘리는 조건으로 조지아를 설득하여 조지아는 판키시 계곡의 체첸 난민들을 몰아내고, 조지아와 수쿠미를 연결하는 철로를 다시 열었다. 셰바르나제는 더 이상 개혁을 추진할 의지를 잃었고, 미국과 러시아도 셰바르나제에게 등을 돌리기 시작했다.

2003년 11월 2일 치러진 총선에서는 IT전문가들의 도움을 받아 대규모 투표 조작이 벌어졌다. 샤카슈빌리가 이끄는 '통합국민운동(United National Movement)'은 선거 결과에 항의하는 대규모 시위를 벌이며, 대통령 하야와 재선거를 요구했다. 소위 '장미혁명(Rose Revolution)이라고 불리는 본격적인 정권교체 시위가 시작되었다. 샤카슈빌리와 쥬바니아, 부랴나제가 '장미혁명'을 이끌며 청년 정치단체인 크마라(Kmara, "Enough"의 의미)와 여러 NGO의 지원을 받았다. 시위가 시작된 지 2주 후 신변안전 보장을 약속받은 셰바르나제는 11월 23일 대통령직에서 물러났다. '통합국민운동'은 통합민주당(United Democrats)'과 연합하여 '국민운동-민주당(National Movement-Democrats)'을 결성하고 조지아의 정국을 주도했다. 2004년 1월 4일 실시된 대통령 선거에서 샤카슈빌리가 투표자 96%의 표를 얻는 압도적 지지로 당선되었다. 37세에 대통령이 된 샤카슈빌리는 유럽에서 가장 젊은 대통령이 되었다.

15장 샤카슈빌리 정권과 이후

　부패 척결과 임금, 연금 인상을 공약으로 내걸고 대통령에 당선된 샤카슈빌리는 경제재건 외에도 압하지아, 남오세티아의 분리 움직임을 막아야 했다. 새 정부에서 쥬바니아는 총리를 맡았고, 부랴나제는 국회의장에 취임했다. 1월 25일 대통령에 취임한 샤카슈빌리는 취임 다음날 성 조지 성당에서 열린 기념식에서 감사후르지아의 복권을 선언하여 그를 "위대한 정치가이자 애국자"로 칭송하고, 체첸공화국에 묻힌 감사후르지아의 시신을 트빌리시로 이장할 것이라고 밝혔다. 또한 감사후르지아 추종자 32명도 석방했다. 샤카슈빌리는 과감한 부패 청산 작업을 시작하여 트빌리시의 모든 교통경찰을 해고하고, 시민들이 교통정리를 하게 한 다음 반부패 서약을 받고 새로운 경찰들을 충원하여 배치했다. 이로써 교통경찰의 부패는 일거에 척결되었다. 부패혐의가 있는 수사경찰과 세관원, 다른 공무원들도 대규모로 해임되었다. 공무원 숫자는 줄어든 대신 높은 급여가 제공되었다. 독립 15년 만에 처음으로 임금과 연금이 제때에 지급되었다. "우리의 명예를 제외하고 모든 것을 판다(Everything is for sale except our honour)"라는 구호처럼 과감한 민영화 정책이 추진되어 재정 수입을 확대시켰다. 교육 분야에서도 대학입시를 둘러싼 부정이 척결되고 전국 단일

시험에 의한 대학입시 제도가 확립되었다. 조지아의 대학 교육제도를 '볼로냐 기준(Bologna standards)'에 맞춰 박사학위 소지자만이 교수로 임명될 수 있게 만들었다.

샤카슈빌리의 부패 척결과 과감한 개혁 정책은 가시적 성과를 가져오기 시작했다. 2007년 조지아의 경제성장율은 12%를 기록해서 세계에서 가장 빠르게 경제가 성장하는 국가 중 하나가 되었다. 비즈니스 환경 순위는 112위에서 18위로 뛰어올랐다. 조지아 경제는 세계 무역 네트워크에 점차 통합되어 2006년 수입과 수출은 각각 GDP의 10%, 18%를 차지하였다. 조지아는구소련에서 독립한 국가 중에서 비교적 일찍 WTO에 가입해서 세계경제로의 통합을 가속화했다. 조지아는 1996년 WTO 가입 신청을 하고 2000년 6월에 정식으로 WTO에 가입했다. 그러나 2006년 러시아가 조지아 와인, 광천수 금수 조치를 취하고, 가스공급가를 지속적으로 인상하면서 경제에 대한 압박이 커졌다. 2005년 5월에는 바쿠-트빌리시-세이한(터키)를 잇는 총 연장 1,786㎞의 소위 BTC(Baku-Tbilisi-Ceyhan) 송유관이 완공되어 조지아는 카스피해에서 채굴되는 석유를 유럽 지역으로 운송하는 주요한 통로가 되었다.

샤카슈빌리는 집권 후 얼마 되지 않아 친서방 외교노선을 취하기 시작하며 NATO와 EU가입을 적극 추진했다. 2004년 8월 조지아는 NATO에 '개별회원국행동계획(Individual Partnership Action Plan)'을 제출했고, 10월에 NATO는 이를 승인했다. 2005년 3월에는 NATO와 '평화를 위한 동반자(Partnership for Peace)'협정이 서명되어 나

토군의 조지아 영토 통과가 가능하게 되었다. 2005년 5월 9일에는 미국 대통령으로는 처음으로 부시 대통령이 트빌리시를 방문하여 약 10만 명의 군중 앞에서 조지아의 민주화 개혁을 지지하는 연설을 했다. 2006년 5월 우크라이나 수도 키예프에서 열린 GUAM의 정상회의에서 조지아, 우크라이나, 아제르바이잔, 몰도바 4개국은 '유럽-아시아 트랜스코카사스 통로(Euro-Asian Trans-Caucasus transport corridor)' 확대와 '통합과 안보를 위한 공동구역(common space of integration and security)' 설치를 위해 노력하기로 결의하였다. 러시아에 대항하는 유라시아 남부 국가들의 연합 성격이 강한 이 조직은 러시아의 신경을 크게 자극하였다. 2006년 10월에는 '조지아-EU 행동계획(Georgia-EU Action Plan)'이 EU에 제출되어 11월 정식으로 승인되었다. 샤카슈빌리의 이러한 친서방 정책은 러시아와의 관계를 급속히 악화시키기 시작했다.

샤카슈빌리 취임 당시 조지아 내에 남아 있던 러시아군은 모두 철수하기로 약속되었고, 샤카슈빌리는 압하지아의 철도를 아르메니아까지 연결하기로 약속했었다. 남오세티아 지도자 코코이티**Eduard Kokoity**에게도 제한된 자치를 제안하였으나, 주민들의 반대를 염려한 코코이티는 이 제안을 받아들이지 않았다. 2004년 7월 남오세티아인들이 순찰 중이던 조지아 경찰 50명을 체포하면서 긴장이 고조되었다. 격앙된 샤카슈빌리는 남오세티아 내의 러시아군의 소위 '평화유지(peace-keeping)' 활동을 축소할 것을 요구하고 양국 간의 합의사항을 파기했다. 샤카슈빌리가 러시아의 반대를 무릅쓰고 NATO 가입 의사를 분명히 하면서 양국 관계는 더욱 악화되었다. 2004년 8월 약 2주

동안 남오세티아에서 양측 간 적대행위가 벌어지면서 긴장이 고조되었다. 압하지아의 새 지도자가 된 바가푸시Bagapsh도 양측 간 협상을 중단시켰다. 2004년 11월 샤카슈빌리가 우크라이나의 소위 '오렌지혁명'을 공개적으로 지지하면서 러시아와의 관계는 더욱 악화되었다. 러시아는 조지아의 광천수 보르조미Borjomi와 와인의 수입을 중지시켰고, 조지아는 러시아의 WTO 가입을 반대할 수 있다고 맞불을 놓았다. 러시아는 압하지아와 남오세티아 주민의 80%가 러시아 여권을 지급받았고, 러시아는 조지아가 침범하는 경우 이들 주민들을 보호할 책임이 있다고 선언했다. 2006년 9월 조지아는 네 명의 러시아인을 스파이혐의로 체포했다. 양국 간의 모든 육상 통로는 차단되었고, 러시아는 조지아에 대한 가스공급을 끊었다가 가스공급가를 두 배로 올렸다. 유럽 국가들은 샤카슈빌리에게 신중한 정책을 취할 것을 요구하였지만, 미국의 부시 정권은 조지아의 NATO가입을 서두르며 강경노선을 부추겼다.

러시아나 분리주의자들에 대한 강경 정책은 국내에서 샤카슈빌리의 인기를 높였다. 그러나 2005년 2월 3일 쥬바니아가 의문의 죽임을 당하면서 큰 파장이 일었다. 그는 난방용 가스스토브에서 새어나온 일산화탄소에 중독되어 사망한 것으로 공식 발표되었지만, 암살당했다는 의혹이 제기되었다. 2007년 11월 반정부 시위가 시작되자 샤카슈빌리는 이를 강경 진압하였다. 정치적 위기를 돌파하기 위해 샤카슈빌리는 임기를 1년 앞당겨서 2008년 1월 조기 대통령선거를 실시한다고 선언했다.

2008년 1월 조기 대통령선거가 실시되었고, 샤카슈빌리는 1차 투표에서 58%를 득표하여 결선투표 없이 당선이 확정되었다. 그러나 야당과 반정부 세력에 대한 탄압에 대한 항의는 계속되었다. 샤카슈빌리 정권의 위기는 2008년 여름에 왔다. 2008년 봄 조지아군은 고도리 계곡 상부를 장악하였고, 4월 부카레스트 NATO 정상회담에서 조지아의 NATO 준회원 가입이 결정되자 러시아는 격앙했다. 러시아군은 수쿠미와 조지아국경까지 이르는 철로를 황급히 수리했다. 해군도 흑해에서 실전 연습에 들어갔다. 8월 1일 남오세티아 민병대가 조지아 평화유지군에 사격을 가해 다섯 명이 부상을 입었다. 조지아군은 보복으로 남오세티아 민병대 초소를 공격하였고, 남오세티아 민병대는 조지아 부락에 포격을 개시했다. 며칠 동안 양측은 산발적 교전을 벌였다. 8월 7일 샤카슈빌리는 일방적 휴전선언을 했지만, 남오세티아는 조지아 부락에 대한 포격을 계속했다. 8월 7-8일 밤 조지아군은 남오세티아에 대한 진격을 개시했다. 약 10,000-1,1000명의 병력이 작전에 참여한 것으로 추산되었다. 조지아는 "이 지역의 헌정질서를 회복시키기 위해" 군사작전을 펼친다고 명분을 내세웠다. 조지아군은 남오세티아의 수도인 쯔킨발리에 포격을 가한 후 지상군이 진입하여 점령했다. 8월 8일 베이징올림픽 개막식에 참석하고 있던 푸틴은 급거 러시아로 돌아와 러시아의 군사작전을 지휘했고, 조지아군에 대한 반격을 준비하고 있던 러시아군은 8일 바로 국경을 넘었다. 러시아군은 러시아 평화유지군과 남오세티아 민간인을 보호한다는 명분을 내세웠다. 러시아군은 쯔킨발리에서 조지아군을 몰아내고, 공군을 이용하여 조지아 내의 군사시설을 폭격했다. 러시아는 조지아 공격에 350대의 탱크와 320대의 공군기를 동원했다. 압하지아에서는 러시아군과 압하지아군이 합동으로 조지아로 진격해왔다. 러시아군은 포티, 고리, 세나키Senaki, 주그디디시를 점령했다. 남오세티아의 민병대는 역내에 있던 조지아 주민들에 대한 인종청소를 한 것으로 보도되었다. 약 20

▼트빌리시 전경

만 명의 조지아계 주민이 난민이 되어 남오세티아를 떠났다. 8월 12일 프랑스의 사르코지대통령의 중재로 양국은 휴전협정에 서명했다. 러시아군은 조지아에서 철수를 시작하여 압하지아와 남오세티아 완충

지대로 물러났고, 완충지대에는 EU감시단이
들어왔다. 8월 26일 러시아는 압하지아와 남
오세티아를 독립국가로 승인하였고, 조지아
는 러시아와의 외교관계를 단절했다. 10월부
터 미국발 세계금융 위기가 확산되었지만 미
국과 유럽은 조지아의 파괴된 산업시설과 인
프라를 복구하기 위해 20억불을 지원했다. 남
오세티아 전쟁으로 샤카슈빌리의 인기는 크게
떨어졌다. 권위주의적 성향과 반대파에 대한
탄압으로 대중적 인기가 떨어진 상태에서 전
쟁의 패배는 그의 정치적 생명을 단축시켰고,

▲비지나 이바니
쉬빌리

국민들은 새로운 지도자를 열망하게 되었다. 새로운 지도자로 부상한
것은 러시아에서 사업에 성공하여 큰 부를 쌓은 이바니쉬빌리Bidzina
Ivanishivili였다. 그는 정치와는 거리를 두고 있었지만, 조지아에 대
한 막대한 기부와 자선 행위로 대중적 인기를 차분히 쌓아오고 있었
다. 2012년 총선에서 이바니쉬빌리가 이끄는 '조지아의 꿈−민주조지
아(Gerogian Dream−Democratic Georgia)'가 샤카슈빌리의 집권
당(National Movement)을 누르고 승리하였고, 이바니쉬빌리는 총리
로 취임한 후 내각을 조각했다. 총리와 내각의 권한이 강화되면서 샤
카슈빌리는 임기말까지 권력누수 현상을 겪었다. 2013년 10월 27일
치러진 대통령 선거에서 이바니쉬빌리 내각에서 부총리와 교육 장관
을 역임한 마르그벨라쉬빌리Giorgi Margvelashvili가 62%를 득표하
여 대통령에 당선되었고, 샤카슈빌리는 집권 10년 만에 하야하게 되

비지나 이바니쉬빌리(Bidzina Ivanishvili, Boris Ivanishvili로도 알려짐)

(1956년 2월 18일생)

이바니쉬빌리는 조지아 농촌지역인 초르빌라Chorvila에서 태어났다. 아버지는 망간 공장의 노동자였다. 이바니쉬빌리는 트빌리시국립대학에서 기계공학과 경제학을 공부한 후 1982년 모스크바로 가서 모스크바철도공학대학(Moscow State University of Railway Engineering)의 대학원과정에 입학했다. 소련 붕괴 시기에 사업에 뛰어든 이바니쉬빌리는 러시아 동업자인 비탈리 말킨Vitaly Malkin과 함께 컴퓨터 판매 사업을 시작했으며, 당시 신제품이었던 푸쉬버튼(push-button)식 전화기를 외국에서 수입하여 판매했다. 컴퓨터 판매로 사업 기반을 닦은 이바니쉬빌리는 이후 금속과 금융 분야로 사업을 확장해 큰 돈을 벌었다. 1990년 말킨과 함께 '로시스키 크레딧Rossiskii kredit'이란 지주 회사를 세워 사업 모태로 했다. 이바니쉬빌리는 호텔 사업에도 관여했고, '닥터 스톨레프(Doctor Stoletov)'라는 러시아의 약국 체인도 소유하고 있다. 2012년 포브스지Forbes는 이바니쉬빌리를 세계 부자 순위 153위에 올리고 그의 자산을 640억불로 추정했다. 그는 현재 조지아 제일의 거부이다.

조지아에서 오랫동안 자선사업을 펼쳤지만 정치에는 관여하지 않던 이바니쉬빌리는 2012년 4월 '조지아의 꿈(Georgian Dream)'이라는 정당을 창설하여 조지아 정치에 뛰어들었다. '조지아의 꿈'은 다른 5개 군소 야당 정당과 연정을 결성하여 2012년 10월 의회선거에 참여하여 제1당이 되었다. 그는 2012년 10월 25일 조지아 헌법 상 국정운영권을 쥔 총리직에 올라 2013년 11월 20일까지 재임하였다. 2013년 10월 27일 치러진 대통령 선거에서 이바니쉬빌리 내각에서 부총리와 교육 장관을 역임한 마르그벨라쉬빌리Giorgi Margvelashvili가 62%를 득표하여 대통령에 당선되자, 11월 2일 이바니쉬빌리는 총리직에서 물러났다. 수줍음을 많이 타는 성격에 대민 접촉을 꺼리는 이바니쉬빌리는 정치 일선에서 물러났지만, 조지아 정치의 실질적 실세로 측근들을 대통령과 총리 등 주요 요직에 진출시키며 조지아의 정치를 사실상 막후에서 조종하고 있다

었다. 11월 2일 이바니쉬빌리는 자신의 오랜 심복인 내무장관 가리바쉬빌리를Irakly Garibashvili를 자신의 후임으로 지명하고 총리직에서 물러났다. 31세에 불과한 신임 총리는 조지아에서 가장 권력이 강한 정치인이 되었다. 11월 17일 대통령에 취임한 마르그벨라쉬빌리는 서방과의 관계를 강화하고 유럽-대서양 동맹 강화 정책을 계속 추구할 것을 선언하였다.

에필로그

오늘날의 조지아는 옛 소련에서 독립한 공화국 중 비교적 잘 통치되는 (better governed) 국가 중 하나이다. 고질적 부패는 줄어들었고, 조직 범죄도 철퇴를 맞았다. 비즈니스를 가로막는 관료주의적 장애도 줄어들었고, 면허증이나 여권 등을 발급받는 것과 같은 공공 서비스는 극적으로 개선되었다. 이러한 모든 변화가 사회 넓은 계층에 새로운 소비자 문화를 만들어내었다. 모바일폰, 인터넷에 기반한 통신 수단의 발달, 여행, 비즈니스, 해외 교육 기회 확대, 전세계 TV 채널을 시청할 수 있는 위성 TV, 영어 교육 확충, 사회적 네트워크의 발달로 조지아 젊은이들은 세계 시민으로 변화하고 있다. 그러나 개선된 거버넌스와 세계화가 민주주의의 성장으로 귀결되지만은 않았다. 효율적인 정부 기구가 효율적인 민간 기구(civic institutions)를 의미하지는 않는다. 조지아는 민주적 발전을 위한 구조적, 입법적 기반을 만드는 데는 어느 정도 성공했지만, 실제 내용과 질적인 면에서는 발전이라고 보기 어려운 면도 많았다. 조지아는 경제적, 정치적 안전, 참여, 시민들을 위해 기능하는 양질의 법률들을 필요로 한다. 조지아의 민주주의가 제대로 작동하지 않는 데는 몇 가지 이유가 있다. 우선 대부분의 시민들이 민주주의의 결과를 경험하지 못하고, 자신들의 권리를 이해하지 못하며, 시민들의 정책 선호에 제대로 반응하는 정부를 가지고 있지 못한 것이 민주주의 발전의 걸림돌이다. 실업과 빈곤은 참여 정치를 실현하고, 공직자들에 대한 감시와 견제를 실현하는데 거대한 장애로 작용한다.

조지아 사회의 특징은 정치적, 경제적 다분화(polarization)이다. 조지아 시민들, 특히 트빌리시 이외 지역과 트빌리시 빈민가의 시민들은 국가 정치에서 유리되어 있다. 정당들은 재정적으로 의심스러운 후원 조직을 가지고 있고, 대개 유권자들로부터 유리되어 있다. '대통령'당에 의해 지배되는 의회는 복종적이고 수동적이다. 유권자들도 후원과 보호를 얻는데 열중하였고, 선거 사이에 의원들에 대한 집단적 압력을 행사하지 못했다.

1991년 독립 이후 모든 조지아 정부는 통치하는 자와 통치 받는 주민들 사이의 간극을 좁히지 못했다. 모든 정권은 지배력이 강한 단일 정당의 지원을 받는 막강한 권력의 대통령에 의한 정치적 비대칭성을 피해가지 못했다. 샤카슈빌리 정권은 민주주의의 못자리를 개선시키는 데는 성공했다. 그러나 현대화에 필요한 요소이기는 하지만 민족적, 애국적 의식은 지나치게 강조된 반면 실질적인 사회적, 경제적 개혁은 등한시되었다. 경제적 자유주의의 모호한 실현은 친서방적 노선을 되돌리려는 조지아 교회 같은 기구들의 인기를 높였다. 안정적인 민족적 공동체의 기반이 되는 대중의 복리(commonweal)는 한편으로는 고삐 풀리고 탐욕스런 개인주의, 다른 한편으로는 정부와 연대한 책임 없는 이익집단들로 인해 파편화(fragmented)되었다.

독립 이후 모든 조지아 지도자들은 민주 발전을 열망했다. 그러나 세 명의 대통령 모두 행정부를 통제하고, 권력을 분산하고, 시민계층을 정치에 참여시키는데 성공하지 못했다. 2003년 정치 무대에 극적으로 등장한 '장미 혁명'의 주인공들은 해외에 새로운 조지아의 이미지를 투사하고, 넘치는 개혁 에너지를 보이며 전례 없는 외국 투자를 유치했지만, 감사후르지아가 21년 전 시작한 혁명을 완수하지는 못했다. 경험이 적고, 실제 권력이 누구에게 있는지 불분명한 카리스마가 없는 현 국가 지도부도 이 혁명을 완수하기에는 역부족으로 보인다. 수십 억 달러의 서방 원조, 세 번의 전쟁, 두 명의 추방당한 대통령, 끝없이 이어지는 정치, 경제 개혁 조치에도 불구하고 국가와 사회의 분리라는 조지아의 근본적인 문제는 계속 해결되지 않고 남아있다. 이러한 문제는 다른 신생공화국도 공통으로 안고 있는 난제이고, 그 원인은 다양하다. 소련의 제도적 유산, 사회적 분열, 경제적 저개발, 초대통령제(super-presidental system), 잘못 적용된 서구식 개혁 제도, 이 모든 것이 과도하게 중앙집권화된 행정 권력을 만들어냈다. 역설적이게도 2004년 이후 시행된 대규모 규제완화는 경제적 자유를 향상시키고, 번영을 가져오며 중산층을 확대시키는 대신 권력과 결합한 강력한 비즈니스 그룹을 형성시키고, 경제에 대한 이들의 장악력을 높이는 결과를 가져왔다. 대통령 권력에 대한 소극적 견제, 효과적 제도화(institutionalization), 경제적 안정 장치와 대중의 정치 참여의 결여로 인해 민중 시위에 의한 만성적인 정부 교체를 가져왔다.

1991년 이후 조지아인들은 자신들이 할 수 있는 최선을 다해 민주주의를 실험해 왔고, 시행착오를 통해서 조지아 역사상 어느 때보다도 더 민주적으로 의식화된 시민이 되었다. 이전의 대통령들이 정권 전복이나 추방 등으로 권좌에서 하야한 데 반해, 2013년 처음으로 이루어진 평화적 정권 교체는 조지아의 민주주의를 한 단계 성숙시켰다고 평가할 수 있다. 독립 후 국가건설 과정이 순탄하지는 않았지만, 다른 신생독립국보다 훨씬 높은 개혁과 변화에 대한 열망과 이를 실현하고자 하는 의지와 에너지는 조지아의 민주주의 발전과 경제적 번영에 긍정적 작용을 할 것이다.(Stephen Jones의 Georgia: A Political History Since Independence 269-271쪽 발췌 번역)

부록

조지아 역사 연표
ისტორია ქრონოლოგია

기원전 12세기	트랜스코카사스 남서부, 오늘날의 에르제룸 지역의 북쪽에서 원元조지아인 (proto-Georgian)의 부족적 형성 시작
기원전 7세기 후반	원조지아 부족들의 정치적 형성기
기원전 6-5세기	조지아어를 말하는 부족들, 아마도 무쉬키나 티발족이 북쪽으로 이동 하여 쿠라 계곡에 정착하여 동부 조지아 민족(이베리아)의 근간을 형성
기원전 5세기	기원전 5세기 후반까지 페르시아는 조지아 부족을 견고히 장악
기원전 4세기 전반	그리스계 도시인 시노페와 아미스가 다시 페르시아의 지배에 들어 가고 페르시아인들은 서부 조지아의 부족들에 대한 종주권 다시 확립
기원전 331년	알렉산드로 대왕이 아르벨라에서 페르시아를 결정적으로 패퇴시키면서 소아시아에서의 페르시아 지배 종결
기원전 1세기 후반	페르시아 셀레우시드 왕조를 뒤이은 파르티아 왕국의 영향력이 트랜스코카사스 전역에 미침. 이후 3세기 동안 로마 제국과 파르티아 왕국은 중간에 있는 아르메니아와 조지아 지역을 놓고 투쟁
기원전 66년	로마의 폼페이 이베리아의 왕 아르토크와 싸우기 위해 이베리아로 들어가서 이베리아 복속시킴
기원전 36년	로마의 마르쿠스 안토니우스 파르티아에 원정
서기 224년	4백년을 지속하는 사산 왕조(224-651년)가 파르티아 왕조를 멸망시킴
283년	로마의 카루스 페르시아를 격파하고 잠시 코카사스를 되찾음
284년	페르시아인들은 로마의 내분을 이용하여 자신들이 내세운 미리안 3세를 동부 조지아의 왕으로 앉힘
298년	로마가 다시 페르시아와의 전투에서 승리하여 양측 니시비스 강화조약을 맺음. 미리안의 왕위 인정했으나 카르틀리-이베리

	아와 아르메니아의 종주권은 로마가 다시 치지
4-8세기	콜키스-에그리시, 코카사스 알바니아, 카르트벨리-이베리아, 아르메니아 모두 영토적으로 분열되어 부족들과 족벌들이 이주하고 혼합되어 민족을 형성하는 기초를 만듦
314년	카파도키아의 카에사에라에서 그리고르 루사로비치 아르메니아의 주교로 임명됨
334년	카르트벨리-이베리아의 미리안왕 기독교 수용
447-502년	조지아의 젊고 정력적인 왕 고르가살리 재위
580년	이베리아의 왕 바쿠르 3세가 죽자 페르시아는 이베리아 왕조 철폐
640년	아랍인들 640년 아르메니아를 통과하여 645년 이베리아의 수도인 트빌리시를 점령
689년	비잔틴의 유스티아누스 2세 황제 아랍에 대한 정벌에 성공하여 칼리프로 하여금 코카사스에 대한 지배권을 포기하게 만듦
886년	칼리프 아쇼트 1세를 아르메니아의 왕으로 책봉하여 458년 만에 아르메니아 왕조 복원
888년	칼리프 아다르나세 4세를 카르틀리-이베리아의 왕으로 책봉하여 동부 조지아도 3세기 만에 왕위 복원
1008년	바그라트 3세 압하제티와 카르틀리-이베리아 통일 왕국의 첫 왕(1008-1014년)이 됨
1014년	바그라트의 뒤를 이은 기오르기 1세(재위 1014-1027년) 타오 땅을 되찾기 위해 비잔틴에 대항
1027-1072년	바그라트 4세 재위. 이 시기에 많은 지방 공후들이 일어나서 압하제티-카르틀리 중앙통제 무너짐
1089-1125년	'건설자' 다비드 2세 재위. 토호와 귀족 권위 제한하고 왕권 강화. 조지아 영토 크게 확장
1121년 8월 12일	조지아 부대와 아르메니아, 킵차크, 오세틴, 쉬르반 연합군이 디드고리 인근에서 이슬람군을 기습 공격하여 큰 승리 거둠. 이 승리는 조지아 역사에 '위대한 승리(dzleva sakvirveli)'로 불리고 오늘날까지 조지아 사람들이 이 날을 기념
1125-1184년	데메트레 1세(재위 1125-1154년), 다비드 3세(1156년), 기오

	르기 3세(재위 1156-1184년) 큰 영향력을 발휘하지 못하고 영토도 보존하지 못함
1184-1212년	타마르 여왕 재위. 조지아의 중세 시기 절정에 다다름
1212-1223년	타마르의 아들 기오르기 4세(1212-1223년) 여왕의 위업을 계승하고, 팔레스타인으로의 원정 계획했으나 몽골군에 의해 큰 타격 입음
1220년	가을 몽골군 최초 출현. 기오르기 4세 약 9만 명의 병사를 모아서 쿠나니에서 첫 전투를 벌였으나 크게 패함
1223년	몽골과의 전투에서 중상을 입은 기오르기 4세 사망
1223-1245년	기오르기 4세의 여동생 루수단 재위
1225년	투르크멘 부족들이 동쪽에서 침입해 와서 동부 조지아의 많은 지역을 점령
1236년	몽골군이 세 번째로 코카사스를 공격. 루수단은 트빌리시를 버리고 쿠타이시로 도망
1250년	몽골은 기오르기의 아들인 다비드 4세와 루수단의 아들인 다비드 5세로 하여금 조지아를 분할하여 통치하도록 함
1289-1314년	바흐탕 2세(재위 1289-1292년), 다비드 7세(재위 1292-1310년), 기오르기 5세 (재위 1299-1314년), 바흐탕 3세(재위 1301-1307년), '작은' 기오르기 5세(재위 1307-1314년)
1314-1346년	기오르기 5세 약 20년 동안 통일된 조지아 통치
1316년	기오르기 5세 일칸국을 방문하여 조지아 전체의 가신으로 임명받음
1327년	기오르기 5세 일칸국의 내분 이용하여 몽골 세력 몰아내고 조공 상납 중단하여 조지아-몽골 협력 시대 종지부 찍음
1329년	기오르기 서부 조지아에 원정하여 지방 토호 세력 약화시키고, 5년 뒤 삼츠케 점령
1346-1395년	기오르기 5세의 뒤를 이은 다비드 7세(재위 1346-1360년)와 바그라트 5세(재위 1360-1395년) 시기에 왕권이 비교적 안정적으로 유지됨
1366년	유럽에서 발생한 흑사병이 조지아를 휩쓸
1386년	티무르가 이끄는 타타르 세력 조지아 침공. 티무르는 총 여덟

	번 조지아를 침공함
1412-1442년	알렉산드레 1세 재위
1446년	데메트레 3세(재위 1446-1453년) 즉위했으나 그의 동생인 기오르기 8세(재위 1446-1465년)가 권력 장악. 서부 조지아의 귀족들은 기오르기의 통치를 거부
1463년	바그라트와 서부 조지아의 귀족들은 치코리 전투에서 기오르기 8세의 군대 격파하고 바그라트는 이메레티 지역의 왕이 됨
1465년	이메레티의 바그라트 자신을 조지아의 왕 바그라트 6세(재위 1465-1478년)로 선언함
15세기 말	조지아는 3개의 왕조와 수많은 공후국으로 분열됨. 기오르기 8세의 아들은 카케티의 왕이 되어 알렉산드레 1세(재위 1476-1511년)로 통치, 바그라트 6세의 아들인 알렉산드레 2세(재위 1491-1510년)는 이메레티의 왕이 됨. 카르틀리 지방은 콘스탄틴 2세 (재위 1479-1505년)가 통치하였고, 삼츠케 지방은 별도의 공후가 통치
1453년	오스만제국 콘스탄티노플을 점령하여 비잔틴 제국을 멸망시키고, 1461년 트레비존드도 멸망시킴. 1546년에는 크림 반도를 점령하여 흑해의 제노바 무역기지들을 문닫게 함. 오스만제국은 흑해 동부, 남부, 동부 해안을 완전히 장악
1541-1544년	사파비드 왕조의 샤타흐마스프 조지아에 네 차례 원정
1555년	이란과 오스만제국 아마사 강화조약 맺고 조지아를 나누어 각각의 영향력 아래 둠. 카르틀리, 카케티, 동부 삼츠케 지역은 이란이 차지하고, 이메레티와 서부 삼츠케 지역은 오스만 수중에 떨어짐
1569년	사파비드 왕조가 이슬람으로 개종시킨 스비몬의 형제 다비드 9세(재위 1569-1578년)를 왕좌에 앉히고 카르틀리에 대한 지배권을 확고하게 확립. 이때부터 카르틀리는 이란에 매년 조공을 바치는 봉신국가가 됨. 이런 상황은 18세기 말 제정 러시아가 이 지역에 내려 올 때까지 지속됨
1554년	제정러시아 볼가 강 하구의 항구 아스트라한을 점령하면서 카스피해와 코카사스로의 진입로 확보
1558년	카케티의 왕 레반 1세(재위 1520-1574년)가 러시아와 처음

	접촉했고, 그의 아들 알 렉산드레 2세는 러시아에 사절단 여러 번 보냄
1589년	러시아 짜르 표도르 이바노비치 카케티를 자신의 보호 아래 두겠다고 선언
1602년	이란 왕 아바스 트랜스코카사스를 침공하여 오스만제국과의 전쟁 시작. 예레반을 포위하고 로리, 다베다, 예니셀리 지역에 칸국 설치
1605년	카케티 왕가의 피비린내 나는 싸움 끝에 이란은 콘스탄틴을 카케티의 왕으로 지명했으나, 귀족들은 반란을 일으켜 그를 죽이고 타이무라즈 1세(재위 1605–1664년)를 왕으로 옹립
1614년	아바스 다시 공세를 취해 두 왕을 모두 폐위시키고, 이슬람 교도인 바그라트 7세(재위 1614–1619년)와 예세 칸을 각각 카르틀리와 카케티의 왕으로 임명
1632년	이란 왕 쿠르스라우 미르자를 트빌리시 총독으로 임명. 그는 조지아에 로스톰 왕으로 알려짐
1632–1658년	로스톰 재위. 1648–1656년 사이에는 카케티도 통치하여 번영과 안정 이룸
1703년	바흐탕 6세 카르틀리 왕 즉위
1704–1708년	바흐탕 6세 법전(daturlamani) 편찬 작업 완수
1722년	러시아의 피터 대제 페르시아 내의 혼란 이용하여 트랜스코카사스 원정하여 바흐탕 6세와 동맹 맺었으나 곧 철수
1723–1735년	짧지만 잔학했던 오스만 지배시기를 조지아에서는 오스만로바(osmanloba, 1723–1735년)라고 부름
1748년	에레클레 2세 1748년 트빌리시를 반란 세력으로부터 탈환
1762–1798년	에레클레 2세 타이무라즈가 러시아에서 죽자 그의 뒤를 이어 왕위에 올라 카르 틀리–카케티 통일 왕조의 왕으로 통치
1766–1773년	러시아–오스만제국 전쟁
1783년 7월 24일	러시아, 오스만제국 전권대사는 게오르겝스크 조약을 체결하여 카르틀리–카케티를 러시아의 보호 아래 두기로 합의
1784년	다랄 계곡(Daryal Pass)을 통하는 조지아 군사도로(Georgian Military Highway) 완성. 북쪽 블라디카프카즈에 러시아 요새

	건설
1795년	이란의 샤 아가 모함메드 칸 트빌리시 침공하여 불태움. 에레클레 왕은 카케티로 피신함
1800년 12월 18일	러시아 짜르 파벨(재위 1796-1801년) 카르틀리-카케티의 러시아 병합 공식으로 선언
1802년	러시아에서 교육받은 조지아 귀족인 파벨 찌찌아노프가 조지아 행정실무책임자로 임명됨
1802년	카케티 지역에서 귀족들이 주도한 반란 일어남. 1812-1813년에도 반란 발생
1819-1820년	에메레티에서 반란 발생
1816-1827년	코카사스 행정책임자로 보로디노 전투 영웅인 에르몰로프 장군 임명
1826년	파쉬케비치 장군이 에르몰로프 후임으로 임명됨
1828년 7월	코카사스 지방의 최초의 러시아어 신문인 '티플리스 소식(Tiflisskie vedomosti)' 발행을 허가
1845년	니콜라이 1세는 조지아의 관리를 전권을 가진 총독이 맡도록 하고, 첫 총독으로 미하일 보론초프 임명. 보론초프 1854년까지 총독으로 봉직
1846년	보론초프 티플리스에 첫 러시아 극장과 공공도서관 지음
1847년	조지아를 티플리스와 쿠타이시 지방(guberniia)으로 분리하여 통치
1856년	8월 짜르 알렉산드르 2세 자신의 오랜 친구인 바랴친스키 공을 코카사스 총독으로 임명
1857년	사메그렐로에서 대규모 농민 반란 발생
1863년	바랴친스키 코카사스 총독직 사임. 후임으로 황제의 동생인 미하일 미콜라예비치 대공 총독으로 부임
1864년 10월 13일	알렉산드르 2세 조지아의 농노해방령에 서명
1853년	잡지 '여명(tsiskari)' 발행. 1856년 일시 정간되었다가 1857년 재간되어 1875년까지 발행
1854-1856년	크림 전쟁

1872년	포티와 트빌리시 연결하는 철도 건설
1905년	보론초프-다쉬코프Vorontsov-Dashkov 코카사스 총독 취임
1907년	차브차바제 암살됨
1914년 7월	1차 세계대전 발발
1917년 11월 14일	'트랜스코카사스 인민위원회(Zavkom, Transcaucasian Commisariat)' 구성
1918년 1월 26일	트빌리시대학교 설립
1918년 4월 22일	터키 군대의 압력을 받은 코카사스 의회 독립 선언. '트랜스코카사스 민주 연방공화국(Democratic Federative Republic of Transcaucasia)' 출범
1921년 2월 25일	멘셰비키파 트빌리시를 버리고 바투미로 철수. 3주 뒤 조르다니야와 조지아공화국 수뇌부 유럽으로 망명
1922년 3월 12일	아르메니아, 아제르바이잔, 조지아 대표들 모여 '트랜스코카사스 소비에트 사회주의공화국연방(Federal Union of Soviet Socialist Republics of Transcaucasia, FSSSRZ)'안에 서명
1926년 11월	오르제니키제 모스크바로 이동하고 오라케라쉬빌리가 트랜스코카사스 당위원장(Zakkrikom)으로 임명됨
1928년	농업집단화 시작
1930년 4월	트랜스코카사스당위원회의 책임자로 로미나제 임명
1931년 11월-1938년 8월	베리아가 조지아 공산당 이끌어 나감
1953년 3월	스탈린 사망
1953년 6월	베리아 체포되어 처형됨
1953년 9월	흐루시초프 측근 므자바나제가 조지아 당 제1서기로 취임
1964년	흐루시초프 실각
1972년 7월 25일	트빌리시 당 제1서기를 맡고 있던 롤라쉬빌리 해임되고 후임으로 당시 41세였던 내무장관 에두아르드 셰바르나제가 임명됨
1972년 9월 29일	므자바나제 해임되고 셰바르나제가 조지아 당 제1서기에 오름
1985년	셰바르나제 소련 외무장관으로 영전. 후임 조지아 당 제1서기로 파티아쉬빌리 취임
1989년 4월	파티아쉬빌리 해임되고 후임 당 제1서기로 굼바리제 임명

1990년 10월 28일	최고회의 선거에서 감사후르지아가 이끄는 '원탁회의'가 압노적인 1위를 차지, 공산당은 큰 격차를 둔 2위에 머뭄. 감사후르지아는 최고회의 의장으로 선출됨
1991년 4월 9일	독립여부를 묻는 국민투표에서 90% 가까운 찬성으로 독립 가결. 의회는 만장일치로 감사후르지아를 대통령으로 지명
1991년 5월 26일	86.5%의 압도적 지지로 감사후르지아 초대 대통령으로 선출
1992년 3월	셰바르나제 국가평의회(State Council) 의장으로 임명
1992년 7월	압하지아 지도자 아르진바 압하지아의 독립 선언
1992년 8월	5개 무장단체가 서로 총을 겨누는 다면전 발발
1992년 10월	11일 셰바르나제 89%의 지지율로 대통령 당선
1995년 11월	셰바르나제는 74%의 득표로 대통령 재선
2000년	대통령선거 실시. 실제 투표율은 법이 정한 유효투표율인 50%에 미치지 못한 것으로 추정되었지만, 76%의 투표율에 80%의 득표로 셰바르나제가 당선된 것으로 발표
2002년 5월	미 육군 특수부대 조지아군 훈련을 위해 트빌리시 도착
2003년 11월 2일	총선 실시. 부정 선거 없으면 야당 승리 확실. 부정 선거 항의 시위 시작
2003년 11월 22일	반정부 시위대 조지아 의사당 진입. 셰바르나제 의사당 건물에서 탈출
2003년 11월 23일	셰바르나제 대통령 사임. 2004년 1월 4일 후임 대통령 선거 실시 결정
2004년 1월 4일	대통령 선거 실시. 샤카슈빌리 당선 확실시 됨
2004년 1월 25일	샤카슈빌리 대통령 취임
2004년 3월 28일	총선 실시. 샤카슈빌리 집권 여당 압승
2005년 5월 9–10일	부시 미국 대통령 조지아 방문
2006년 5월 1일	러시아 보건부 조지아, 몰도바 와인, 조지아 광천수 수입 금지 조치
2006년 5월 28일	바쿠–트빌리시–세이한(BTC) 송유관 개통
2006년 11월 12일	남오세티아 주민투표로 독립 선언
2007 9월 29일	수천 명의 반정부 데모대 사카슈빌리 하야 요구하며 시위

2007년 11월 8일	사카슈빌리 임기 앞당겨 2008년 1월에 조기 대선 실시한다고 발표함으로써 위기 돌파
2008년 1월 5일	사카슈빌리 53% 득표로 대통령 당선
2008년 8월 7일	조지아군 남오세티아 포격으로 사상자 발생
2008년 8월 8일	조지아군 남오세티아 진공 작전 개시
2008년 8월 9일	러시아군 남오세티아와 조지아 영내 진입하며 반격 개시
2008년 8월 16일	조지아와 러시아 휴전협정 서명
2008년 8월 26일	러시아 압하지아와 남오세티아 정식으로 승인
2008년 9월 17일	러시아 압하지아, 남오세티아와 친선우호조약 서명
2009년 4월 9–10일	샤카슈빌리 하야 요구하는 대규모 반정부 시위
2012년 10월 1일	총선에서 이바니쉬빌리가 이끄는 '조지아의 꿈(Georgian Dream)' 연정이 샤카슈빌리의 '통일민족운동(United National Movement)' 누르고 승리
2012년 11월 22일	총리 이바니쉬빌리는 총리와 내각 권한 강화 조치 취할 것이라고 공표. 정적인 대통령과 총리의 공동 통치 시작
2013년 10월 27일	대통령 선거에서 이바니쉬빌리 측근인 마르그벨라쉬빌리 62% 득표로 당선. 샤카슈빌리 10년 집권 종결
2013년 11월 2일	이바니쉬빌리 총리는 자신의 심복 가리바쉬빌리를 후임 총리로 임명하고 사임. 31세의 가리바쉬빌리는 조지아에서 가장 큰 권력을 가진 정치인이 됨
2013년 11월 17일	마르그겔라쉬빌리 권한이 대폭 약화된 대통령직 취임. 대서양–유럽 동맹 강화 정책 계속 추구 천명
2014년 7월 7일	전 소련 외무장관이었고, 조지아 대통령 역임한 셰바르나제 조지아에서 별세